U0049832

霍 爾

Stuart Hall

胡芝瑩◎著

編輯委員：李英明　孟樊　陳學明　龍協濤
楊大春　曹順慶

出版緣起

　　二十世紀尤其是戰後，是西方思想界豐富多變的時期，標誌人類文明的進化發展，其對於我們應該具有相當程度的啓蒙作用；抓住當代西方思想的演變脈絡以及核心內容，應該是昂揚我們當代意識的重要工作。孟樊教授和浙江大學楊大春教授基於這樣的一種體認，決定企劃一套《當代大師系列》。

　　從1980年代以來，台灣知識界相當努力地引介「近代」和「現代」的思想家，對於知識份子和一般民衆起了相當程度的啓蒙作用。

　　這套《當代大師系列》的企劃以及落實出版，承繼了先前知識界的努力基礎，希望能藉這一系列的入門性介紹書，再掀起知識

啓蒙的熱潮。

　　孟樊與楊大春兩位教授在一股知識熱忱
的驅動下，花了不少時間，熱忱謹愼地挑選
當代思想家，排列了出版的先後順序，並且
很快獲得揚智文化事業公司葉忠賢先生的支
持，因而能夠順利出版此系列叢書。

　　本系列叢書的作者網羅有兩岸學者專家
以及海內外華人，爲華人學界的合作樹立了
典範。

　　此一系列書的企劃編輯原則如下：

1.每書字數大約在七、八萬字左右，對
　每位思想家的思想進行有系統、分章
　節的評介。字數的限定主要是因爲這
　套書是介紹性質的書，而且爲了讓讀
　者能方便攜帶閱讀，提昇我們社會的
　閱讀氣氛水準。

2.這套書名爲《當代大師系列》，其中所
　謂「大師」是指開創一代學派或具有
　承先啓後歷史意涵的思想家，以及思

想理論與創作具有相當獨特性且自成
一格者。對於這些思想家的理論思想
介紹，除了要符合其內在邏輯機制之
外，更要透過我們的文字語言，化解
語言和思考模式的隔閡，為我們的意
識結構注入新的因素。

3.這套書之所以限定在「當代」重要的
思想家，主要是從1980年代以來，台
灣知識界已對近現代的思想家，如韋
伯、尼采和馬克思等先後都有專書討
論。而在限定「當代」範疇的同時，
我們基本上是先挑台灣未做過的或做
得不是很完整的思想家，做為我們優
先撰稿出版的對象。

另外，本系列書的企劃編輯群，除了包
括上述的孟樊教授、楊大春教授外，尚包括
筆者本人、陳學明教授、龍協濤教授以及曹
順慶教授等六位先生。其中孟樊教授為台灣
大學法學博士，向來對文化學術有相當熱忱

的關懷，並且具有非常豐富的文化出版經驗
以及學術功力，著有《台灣文學輕批評》（揚
智文化公司出版）、《當代台灣新詩理論》
（揚智文化公司出版）、《大法官會議研究》
等著作，現任教於佛光人文社會學院文學
所；楊大春教授是浙江杭州大學哲學博士，
目前任教於浙江大學哲學系，專長西方當代
哲學，著有《解構理論》（揚智文化公司出
版）、《德希達》（生智文化事業出版）、《後
結構主義》（揚智文化公司出版）等書；筆者
本人目前任教於政治大學東亞所，著有《馬
克思社會衝突論》、《晚期馬克思主義》（揚
智文化公司出版）、《中國大陸學》（揚智文
化公司出版）、《中共研究方法論》（揚智文
化公司出版）等書；陳學明是復旦大學哲學
系教授、中國國外馬克思主義研究會副會
長，著有《現代資本主義的命運》、《哈貝瑪
斯「晚期資本主義論」述評》、《性革命》
（揚智文化公司出版）、《新左派》（揚智文化
公司出版）等書；龍協濤教授現任北京大學

學報編審及主任，並任北大中文系教授，專
長比較文學及接受美學理論，著有《讀者反
應理論》（揚智文化公司出版）等書；曹順慶
教授現為四川大學文學與新聞學院院長，專
長為比較文學及中西文論，曾為美國哈佛大
學訪問學人、南華大學及佛光人文社會學院
文學所客座教授，著有《中西比較詩學》等
書。

　　這套書的問世最重要的還是因為獲得生
智文化事業公司總經理葉忠賢先生的支持，
我們非常感謝他對思想啓蒙工作所作出的貢
獻。還望社會各界惠予批評指正。

李英明

序於台北

洪　序

　　像英國這樣一個尊重傳統與歷史，而階級制度與種族關係在現代工商業社會仍扮演舉足輕重的角色之國度，居然能夠謙讓出身牙買加、屬於黑色人種的霍爾在學術與思想論壇上發揮所長，躋身當代學術界與文化界大師的行列，可說是一樁罕例。另一方面這也標誌唯白人是尚、以歐洲為中心觀念的西洋文明史，到了改弦更張、突破舊制的時刻，也正迎接多元主義新世紀的到來的時候。

　　以伯明罕當代文化研究中心為主軸，所展開的英國新左派學人，不只有霍爾，還包括霍格特、湯普森、韋廉斯等人。他們所形成的文化研究與批判的學派就是通稱的伯明

罕學派。這一學派旨在揭露歐美資本主義社
會通俗文化的本質。這是當今英國馬克思主
義者有系統地從事都市工人階級社區與文化
研究，俾證實工人階級的價值系統與社會結
構，並未隨著福利國家政策之推行與通俗文
化之流行，而告消失。

其中，霍爾的分析最爲深入，他一反教
條式古典馬克思主義之說詞，指出文化不是
經濟活動的反映，而是由「脈絡—環境」擴
展爲社會實踐與歷史過程的複雜現象。文化
爲社會實踐所組成的整體。文化固然爲社會
意識的主要成分，也是所謂意識形態的上層
建築的部分，但與下層建築的經濟基礎並非
徹底隔離，也非受著經濟結構所制約。作爲
社會意識的文化與社會存在的經社活動是相
互影響的。霍爾把其同僚對文化研究歸納爲
優勢典範的強調。典範文化可以界定爲特定
社群、在特定歷史情境與社會關係下，掌握
與反映其生活情況，從而湧現的意義與價
值。在實際生活中，這些意義與價值藉著傳

統的延續與生活的實踐，被體現出來、被表
述出來。

　　霍爾等人的文化研究對傳媒與資訊發達
的當代先進社會，尤有抉幽發微，擊中要害
的新猷。他們對社會特定群落，諸如青少
年、婦女、少數民族、弱勢團體的通俗性文
化進行系統性研究，排除過去以國度、地區
文化一致性之說法，而強調文化的多面性、
複雜性、區隔性。

　　霍爾一反美國實用主義、經驗主義、實
證主義的主流規範之傳播研究，採用歷史與
哲學的宏觀視野，以馬克思主義社會總體論
的看法，來探討傳播的角色與功能。因之，
強調傳播必須放在總體社會制度與權力關係
中來考察，才能掌握傳播理論之時代意義。

　　本書作者胡芝瑩小姐獲有淡江大學歐洲
研究所碩士學位，曾服務於台北市市政府新
聞處，為一年輕認真的文學與傳播工作者。
曾向我學習馬克思主義、新馬克思主義與當
代思潮。她此一著作係由其碩士論文改寫、

精煉而成，作爲指導教授，我極樂意見到青
年學者之作品的問世，故樂爲之序。

洪鎌德　謹誌

2000年6月2日於台大研究室

自 序

　　一向將關注焦點放在社會特定族群上的霍爾，視青少年、種族、階級、性別、國族認同等議題爲社會實踐的重要脈絡，他的關切讓隱含於優勢典範下的問題意識活絡起來。

　　從語言、文化，乃至於媒體研究，霍爾剖析意識型態存在於社會中的形貌，予以適切的批判，並且更進一步探討對於文化研究意識型態論具有影響力的歐陸理論，一直至後現代主義、後殖民等論述的衝擊，霍爾再度加入理論論戰，爲文化研究納入不同的研究方向。

　　也因爲霍爾抱持著「理論的開放性」，使筆者首次接觸到霍爾理論化精神及致力於權

力結構的反省與批判時，產生濃厚的研究興趣，亟欲一探究竟，因而促成筆者的研究緣起。在本書的寫作過程中，曾獲得許多好友溫暖的關心與問候，以及研究所同學的鼓勵，促使本書得以順利完成，在此一併感謝。

　　此外，本書之有緣付梓，均歸因於恩師洪鎌德老師的諄諄教誨與提攜，以及叢書主編孟樊先生不計成本的大力協助，希望這本書能對有心了解文化研究意識形態論的讀者有所幫助。本書謹獻給我的父母親，感謝他們養育並栽培我的辛勞。

胡芝瑩　謹誌

2001年3月25日

目　錄

　　台灣解嚴後十年來因政治生態丕變、社會風氣日趨開放、經濟朝向國際化發展等等因素的交互激盪之下，產生了「回歸」本體的尋根潮，以及「自主性」意識。當時台灣在各個層面，不論是政治、經濟、社會或是意識形態上，呈現出被壓迫後的解放情勢。時至今日，在政治、經濟、社會、科技、教育等方面的發展最後匯流成為文化之後，我們不禁要問，台灣的文化是什麼？有什麼可用以具體描繪或代表台灣文化的特性？在政治民主化的快速膨脹下，其他範疇的地位與資源是否因而被擠壓以至於扭曲？

　　在西方人的眼裡，台灣耀眼的經濟表現已經躋身為資本主義的「先進國家」了，但在其他層次上的發展如社會、教育、環保等可就未必如此了。即使如此，我們的社會也逐漸產生出歐美社會過去或正在發生的問題（這點倒是蠻同步的），人民逐漸產生主體意識，因此弱勢族群（如同性戀、原住民、婦女、老人等）逐漸懂得運用過去在野黨專用

的「抗爭」手段，並且拉長戰線到「自力救
濟」上，以及尋求團體間的策略聯盟。

在意識形態上，人民產生了問題意識、
產生了主體意識之後，再也不會悶著當啞巴
了，他們知道運用媒體的力量，使自己的聲
音由十分貝變成一百分貝，爭取他們應得的
權利。由此「傳播」也變成意識形態鬥爭的
場域。每一個團體或個人都在他／她有限的
能力下竭盡所能的爭奪「論述」（discourse）
的意義與解釋權，這是個論述競逐的時代。
這樣的特徵，也可以說是「文化研究」對於
人種、性別、階級、意識形態、在地（local）
抗爭的堅持的寫照。在我們的社會生活中到
處充斥著經濟觀點（投資報酬率的高／低）、
政治觀點（要統一，要獨立，還是「投靠」
美國）時，文化研究或許可以提供我們一個
不同的角度與思維，去思考或批判諸多潛藏
在我們腦中，可以不經過判斷就接受的「先
驗性的」、「前」意識及其來源。

「文化研究」（cultural studies）是一個特

定的、專業的學科範疇，並不是每個人信手
拈來，拿出個人的普通常識，去批評文化現
象、寫寫他對於文化的看法就叫做文化研
究。相反地，文化研究要求嚴謹的理論架構
與經驗描述的契合，要求科際訓練與知識的
整合，舉凡歷史研究、社會學、文學、心理
學、語言學、哲學、人類學，甚至經濟學，
都可以在科際知識整合的大前提之下彼此融
通，互相支援，而不像以往那樣各守門戶以
求自保（蔡源煌 1996:240）。創立於英國伯明
罕大學的當代文化研究中心自1990年代開
始，便將文化研究規劃為大學的科系設有學
士及碩士班，其影響延伸至美國及澳洲等
地，以至於現今美國幾所大學，儼然成為
「文化研究」建制化的輸出者。

　　不同於其他學術傳統的取向，文化研究
是企圖從文化戰線切入社會形構的另類學
術，它擺脫學院既有的僵硬軸線，把分析帶
入文化生活，試圖轉變既有的權力形式與關
係，這也是文化研究永遠的堅持（陳光興

1992a:12）。筆者選定以英國文化研究爲題，
並強調司徒華・霍爾（Stuart Hall）的觀點，
一則希望從霍爾的研究觀點說明文化研究如
何不同於美國行爲學派的研究（本書第四
章），呈現出具有歐洲批判歷史傳統特色的研
究取向；二則希望以馬克思主義爲主要架
構，從中尋找出文化研究的理論軌跡，透過
權力關係普遍存在於社會各領域的想法，延
伸政治的意義，並在延展的過程中認識到社
會衝突的多種潛在空間。

　　雖然外來的「東西／理論」不一定就
好，但筆者以霍爾的觀點來闡釋文化研究在
意識形態方面的研究，以及他身爲一個馬克
思主義者對於馬克思主義理論的堅持，目的
並不在於「中學爲體，西學爲用」，而是希望
透過這面「西洋鏡」能夠對照出我們生活中
的怪現象，並且提供一個批判的起點。因爲
受到歐美理論刺激的台灣文化研究，仍處在
萌芽階段，如何轉化這些思想資源，在具體
研究中展現出來，仍須透過實踐過程來思

索。

　　本書所引用的資料主要包括：

(1)霍爾本人關於意識形態研究之論文、
　　關於媒體、政治研究之論文、與其他
　　學者論戰之文章。
(2)古典馬克思主義之文獻。
(3)西方馬克思主義中（特別是葛蘭西、
　　阿圖舍二人），關於意識形態與霸權
　　（hegemony）理論之文獻。
(4)由文化、傳播、政治領域的學者所發
　　表之文化研究論點之論文。

　　由於文化研究一向以辯論和挑戰的開放
性形式來形成其理論軌跡，因此無法在單循
一根中心主軸的情形下，一次概述整個文化
研究的全貌，也無法涵蓋其所有觀點，因為
在文化研究的領域中其實並無理論上的「統
一」，只有在特定脈絡下理論才具有效果與同
一性。這對於想要了解「文化研究是什麼？」
的人來說，不啻是個障礙，因此本書選定對

文化研究的理論建構，有相當重要性的霍
爾，作爲切入文化研究領域的一把鑰匙，跟
隨著霍爾的社會理論、研究脈絡，從部分乃
至於大部分的面向，了解文化研究是什麼、
在做什麼。

　　但另一個問題又來了，霍爾的研究興趣
廣泛，舉凡文化政治之事，他都十分關切。
從戰後英國青少年次文化、馬克思主義、性
別、柴契爾主義、大衆傳播、種族歧視、文
化認同、後殖民主義、後現代主義等等都是
他的關切點，因此爲顧及本書的寫作須具有
中心主軸，乃以「霍爾的理論金字塔」[1]爲
參考架構，揀選位在底層的基本關切點進行
研究。另外，在霍爾擔任當代文化研究中心
主任時，他對傳播的研究影響了日後文化研
究者對媒體的研究取向，而且霍爾認爲，媒
體是西方先進工業國家中意識形態的構連[2]
角色，因此本書將霍爾的媒體研究列爲研究
對象；關於政治，霍爾從未失去對權力如何
在馬克思主義的框架下運作的興趣，因此本

書也將霍爾的政治觀點列爲研究對象。

　　由於霍爾的著作散見於諸多學術刊物及
文化研究中心的內部刊物，礙於部分刊物以
及內部刊物（只在英國發行）在國內無法取
得，因此本書只能從部分重新印刷或轉載的
文章取得研究內容，若有遺漏之處，實爲本
書之遺憾。

一、文獻回顧

　　探討或介紹文化研究的中英文文章近年
來爲數頗多，但大多數是介紹文化研究建制
化的過程。另外，霍爾的意識形態理論在
1991年之後，被國內傳播研究引用的頻率陡
然升高[3]，「文化研究」及其分支系絡又是
國內批判傳播論述援用次數最高的學派／理
論（鍾起惠 1996:86），這顯示出文化研究取
向的批判傳播研究受到國內傳播研究者的重

視。

　　在國內研究霍爾的傳播學者中，以張錦華的《傳播批判理論》探討霍爾的觀點最為完備。另外，陳光興是將霍爾及文化研究的思想、理論在國內運用得最為頻繁的一位學者，他也積極的在國內於清華大學籌備建立亞太文化研究中心（已出版期刊），有關霍爾的種族、文化認同、後殖民主義等論點，可以參考他的論著。

二、名詞定義

　　在進入本書的第二章之前，有必要對經常在本書中出現的用語做概念上的釐清，亦即概念的「操作型定義」。顧名思義，「文化」一詞在文化研究中的定義，是本書首先要討論與界定的。其次，由於在霍爾的理論中，「論述」與「構連」（articulation）二詞分別是

霍爾用來探討意識形態與權力關係的重要概念，因此本書在此簡述霍爾於使用它們時所代表的意義，以便與其他人使用這些字眼有不同意義或解釋時作一區隔。

(一)文化

從「文化評論」(cultural critics)時代蛻變成「文化研究」，在英國有其歷史淵流。從1950年代開始，湯普森（Edward P. Thompson 1924- ）、韋廉斯（Raymond Williams 1921-1988）、霍格特（Richard Hoggort）三人為英國文化研究樹立了典範，透過三人的著作也為「文化」做了脫離菁英式的界定。。

霍格特之著作《識字的用途》(*The Use of Literacy*, 1958)，運用「實踐性批評」(practical criticism) 的精神，以研讀文學文本（text）的方式來「讀」勞工階級的生活、徽幟、慣用語及社會關係等「活」的文化；另一方面，他拒絕採取文化菁英論的立場，

將文化兩極化成高級－低級兩個對立階層
（Hall 1986:33）。

　　韋廉斯之著作《文化與社會》（*Culture and Society*, 1958），宣稱十八、十九世紀的英國作家，形成了一個「文化與社會」的傳統，原因在於他們皆參與批判自身所處時代的關鍵事件（工業、民主、階級等），對立使變遷加諸文化的影響，做了一番持續的反省和質的評估。在另一代表作《長期革命》（*The Long Revolution*, 1961）中，韋廉斯認為文化不僅只是文學藝術而已，文化更可擴展至人類學的定義：文化是意義和價值為社會所建構、為歷史所轉變的「整體過程」，文學和藝術不過是此過程中一種獨特的社會傳播而已，因此，更須留意文化和其他社會實踐的關係（Hall 1986:34-35；謝國雄 1984:18-19）。

　　湯普森之著作《英國工人階級之形成》（*The Making of the English Working Class*, 1963）則強調廣義的民主，研究通俗的政

治、文化。他宣稱不評估文化層面，則無法
了解1790年代到1830年代的歷史變遷。此處
「文化」係植基於集體經驗之上，是社會「意
識」與社會「存在」兩者互動的結果，因此
他反對任何經濟化約論與制度分析至上的觀
點。對於文化的定義，湯普森認為文化是複
數而非單數，文化與文化、社群與社群之
間，都有競爭和衝突，因此文化不是單一生
活方式的演變，而是不同生活方式之間的競
爭（Hall 1986:34；謝國雄 1984:19）。

　　由上述論點所構成的文化研究，霍爾稱
之為文化研究之優勢典範，他並且歸納出這
個優勢典範的幾項特色（Hall 1986）：

(1)反對僅賦予文化邊際與反映的角色，
　　而將文化的定義由「文本－環境」擴
　　展成社會實踐與歷史過程的廣大領
　　域，視文化為所有社會實踐所組成的
　　整體。

(2)反對基礎－上層建築的僵硬公式，尤

其反對基礎結構完全為經濟所決定的
論點；相反地，將社會「存在」與社
會「意識」的關係看成是互動的，不
能夠相互隔離孤立。

(3)這個典範將文化同時定義為：a.特定
團體基於其特定的歷史情境和社會關
係，掌握與反映其生活實況，從而浮
現出來的意義與價值；b.在實際生活
中，上述之意義和價值，在生活出來
的傳統與實踐中，被體現與表達出
來。

(二)論述

一般而言，「論述」在語言學上被用來
指涉比一個句子還要多的一些語彙，也就是
一段連貫的或理性的談話內容或文字，這是
最沒有爭議的說法（O'Sullivan et al., 1994:
92）。霍爾認為，一種論述由一群陳述
（statements）所組成，是提供一種語言來談

論關於某一話題的一種特別知識。當關於某一話題的陳述在一特定論述中形成時，這個論述就可能以一種特定方式來建構這個話題，並且限制這個話題能夠以其他方式被建構的可能性。而且一種論述不是只有包含一種陳述，而是有好幾種陳述在一起作用，這就是傅柯（Michel Foucault 1926-1984）所說的「論述的形構」（discursive formation）（Hall 1992:291）。

　　關於論述的一個重要概念是，它並不以思想和行動、語言和實踐之間這種傳統的區別為基礎。論述就是知識透過語言來生產，但它本身是由一種實踐所產生：「論述的實踐」──生產意義的實踐。既然所有的社會實踐都會產生意義，那麼所有實踐都有論述的層面。由此看來，論述進入並且影響所有社會實踐（Hall 1992:291）。

　　霍爾引用傅柯的論述理論來說明論述的要義（Hall 1992:292）：

(1)論述可以由許多身在不同團體
（institutional setting，如家庭、監獄、
醫院、收容所）的個人所產生。它的
完整性與連貫性並不因其由一個地方
發佈，或是由單一發言者或「主體」
發佈的不同而有所改變。但是每一個
論述只能從它所產生的意義中建構出
位置。任何人在引用或談論一種論述
時，必定是將自己定位成這個論述的
主體位置。例如，我們本身並不相信
西方的本質優越，但是一旦我們使用
「西方及其他世界」（the West and the
Rest）的論述時[4]，就會發現我們抱
持著「西方是一個優越的文明」的觀
點在發言。

(2)論述並不是封閉的體系。一個論述會
牽引出存在於另一個論述中的元素，
並在它意義的網絡中將它們連結在一
起。

(3)存在於一種論述形構中的眾多陳述，

　　並不需要相同。但是它們之間的關係
　　與差異必須是規律與系統化的，而非
　　任意的。

　　舉例來說，巴勒斯坦人為奪回以色列西
岸而戰爭的行為，可以被描述為「自由鬥士」
或者是「恐怖份子」的兩極化形象[5]。他們
在戰爭是個事實，但這個戰爭代表著什麼？
光憑事實是無法決定的，而且我們所使用的
語言（自由鬥士／恐怖份子）就是界定困難
的一部分。特定的描述，即使它們對我們顯
現出虛假的部分，但卻仍然能成為「真實」，
這是因為人們遵從於這些描述，相信它們是
真實的，所以他們的行為就會產生真實的效
果。巴勒斯坦人是否是恐怖份子，如果我們
認為他們是，並且遵從著這種「理解」
（knowledge），就會使這些巴勒斯坦人實際上
成為恐怖份子，因為我們以恐怖份子來對待
他們。所以可以這麼說，語言（論述）在實
踐中具有真實效果：即敘述變成「真實」

（Hall 1992:293）。

霍爾認為論述類似於社會學家所說的
「意識形態」：一套陳述或信仰，專門用來生
產為特定階級的利益服務的知識。但為何不
使用意識形態而用論述這個詞呢？霍爾認為
傅柯使用「論述」這個詞是為了規避一個難
解的困境——決定哪一個社會論述是真實或
科學的，以及哪一種是虛假的或意識形態
的。但即使使用論述迴避了意識形態中的真
／假問題，卻仍然無法躲避關於權力的議題
（Hall 1992:292-293）。

(三)構連

霍爾認為社會的形構、階級、文化之間
的關係，既不是傳統馬克思主義所主張的：
它們之間有一對一的對應關係，或是有必然
的一致性；也不是後結構主義者認為的：它
們之間有必然的不一致性。霍爾認為關係都
是建構出來的，既不是一定會有，也不是一
定不存在。換句話說，不同組成份子之間關

係的連接，都是透過社會群體之間的互相碰撞、不斷鬥爭才能形成。某些實踐可能被構連在一起，才能創造出與其他社會動力相連接的可能性；這些不同關係的連結，是社會實踐的「效果」而非「起源」（陳光興1992b:144）。

　　霍爾自承他的構連理論是援用自拉克勞（Ernest Laclau）在《馬克思主義理論中的政治和意識形態》（*Politics and Ideology in Marxist Theory*）一書中的概念所發展出來的。拉克勞的論述要旨為：種種意識形態要素的政治含意並無必然的歸屬，因此我們有必要思考不同實踐之間─在意識形態與社會勢力之間、在意識形態內不同的要素之間、在組成一項社會運動之不同社會團體之間等等，偶然的、非必然的連結。他以構連的概念，向糾纏於傳統馬克思主義中的必然論與化約論邏輯決裂（Hall 1996b:142）。

　　此外，霍爾認為社會形成的複雜性，絕不能簡化為單一的矛盾，然而多重的矛盾

中，也沒有哪一個是最全面性或最主要的決
定因素；因為不同的矛盾在不同的鬥爭及
「構連」的基地上，有其特殊的關鍵性。簡單
來說，霍爾的「構連」理論取代了傳統的
「決定理論」——任何社會事件、現象、結
構，都是在「構連」許多社會實踐、鬥爭、
社會定位之後所製造出來的結果，都是在主
動的運動過程中形成的，而這些效果的鑄造
絕非是理論可以事前預估的，都必須回到確
切的歷史環境中，才能尋找出其脈絡（陳光
興1992b:144）。

註釋

〔1〕就筆者的理解，位在霍爾理論金字塔最底層的是
　　馬克思主義，依次是西馬的霸權理論、意識形態
　　理論，其餘的關切點都是站在這些理論基礎上，
　　分別與當時的各種思潮辯論或構連的結果。
〔2〕本書將articution翻譯為「構連」係參考張錦華的
　　譯法。張錦華將之譯為構連源出於霍爾對該字的
　　解釋：它一方面可做陳述、說明、表達，另一方

　　面亦可解釋為火車頭與其後車廂之間的連結，前
　　後車廂可做不同的連結，亦可拆開，因此一個構
　　連乃是「可以」在一定條件之下，將兩個不同元
　　素形成一個統一體的一種連結形式。所以又可引
　　伸為辭意之間的連接。參見Hall, 1996b:141；張錦
　　華，1994:152。

〔3〕當國內批判論述援用「意識形態理論」來鋪陳證
　　據時，幾乎不出馬克思、阿圖舍、霍爾等大師的
　　基本概念。參見鍾起惠，1996:86。

〔4〕「西方」一詞包含著分門別類的作用（即「西方」
　　與「非西方」社會之區隔），也代表一連串的意象
　　（如進步的、發展的、消費的等），更隱含著意識
　　形態（「西方」是可欲的、好的，「非西方」是壞
　　的、保守的）。參見洪鎌德，1997:333-334。

〔5〕諷刺的是，當初以色列人建國時所用的手段，就
　　像現在的巴勒斯坦人一樣，也可說是一群「恐怖
　　份子」，但是這在以色列人心中卻是「自由門
　　士」。

　　霍爾與英國文化研究的建制化與永續性的發展有著極為密切的關連。在霍爾的領導下，文化研究的集體研究不僅成為跨學科的研究領域，以宏觀的角度解釋社會權力的運作，同時也將研究根基深植於馬克思主義中，並且努力超越僵化的馬克思主義教條，尋求更合乎實際的解釋力，使文化研究成為富有流動性、邁向與科際整合的研究趨向。

　　本章將先介紹霍爾的生平與其重要著作，再從文化研究緣起的時代背景以及霍爾對研究中心的諸多理論貢獻談起，最後對文化研究的理論軌跡作一完整說明，從中概略了解霍爾複雜的研究理論。

一、霍爾之生平與著作

　　司徒華・霍爾，西元1932年出生於牙買加首都金斯頓（Kingston），父母為黑人新興

的商業中產階級。1951年，霍爾成為羅德紀
念獎學金的公費生（後為牙買加公費生），離
開故鄉牙買加前往英國進入牛津大學墨頓學
院（Merton College）研讀文學，並且隨後逐
漸涉入西印度群島（West Indies）的政治運
動。

　　1950年代中期，霍爾成為一度衰落而又
復興的社會主義俱樂部（Socialist Club）及
稍後的新左派俱樂部（New Left Club）的發
起成員。《大學與左派評論》（*Universities
and Left Review*）刊物的出版提供這個團體一
個論壇，藉由這個刊物，他們向左派提出了
挑戰，亦即挑戰左派在解決種族主義、帝國
主義以及文化與文學問題上的無能。針對這
些議題所採取的具體形式，他著手進行晚期
資本主義（late capitalism）中階級與社會的
分析，並把文化問題引介到政治議題中。在
韋廉斯、霍格特及其他人的影響下，他們對
馬克思主義進行人道主義的與文化導向的解
釋與構連（articulation），一方面拒絕工黨的

修正主義，另一方面也拒絕共產黨的機械論
觀點（Grossberg 1985:197）。

　　1959年《大學與左派評論》與《新理性
者》（*The New Reasoner*）合併爲《新左派評
論》（*New Left Review*）後，該刊即由霍爾擔
任首任主編。1961年霍爾離開《新左派評論》
前往倫敦大學雀爾喜學院（Chelsea College）
教授媒體、電影和流行文化方面的課程，並
在1962至1964年之間與華奈爾（Paddy
Whannel）完成電影與電視方面的研究，而
後將研究結果集結成冊出刊，即爲《流行藝
術》（*The Popular Arts*）一書（陳光興
1997b:42）。

　　霍爾於1964年成爲伯明罕大學當代文化
研究中心的研究人員和副主任，並且自1969
年開始擔任代理主任，1974年升任爲主任。
在霍爾接替霍格特的位置成爲中心的第二任
主任之後，改變了該中心的研究重點，在他
的領導下，中心轉爲研究文本中表意系統
（signifying systems）的分析，透過此分析來

發掘媒體與意識形態之間的關係（Turner 1996:66）。霍爾於1979年離開該中心，成爲空中大學（Open University）的社會學教授。1985年霍爾應美國愛荷華大學之邀在該校發表一系列演講，受到極高的尊重與歡迎。霍爾的演講內容由該校新聞暨大眾傳播學院的研究生彙整爲特刊，發表於《傳播調查期刊》（*Journal of Communication Inquiry*）。此後霍爾針對不具任何學術背景的社會人士編寫教材、教授課程[1]，一直到1997年十月退休，在形式上退出學院建制。

　　霍爾一直是英國反核運動和各種反種族主義運動的領導者，在1980年代，他反對所謂的新右派，並且試圖建立一種奠基於「沒有保證的馬克思主義」上的新政治與思想聯盟鬥爭，也是左派最具雄辯力的發言人之一（Grossberg 1985:197-8）。

　　霍爾的著作很少以專書形態出現，多數是與他人合著、合編，或以單篇文章散見於個別學術刊物以及當代文化研究中心之內部

刊物（*Working Papers in Cultural Studies*）
中，而霍爾重要論文選集迄今仍未出現，這
對於亟欲了解霍爾著作思想中心的讀者而言
不啻是一個困擾。因此筆者在此僅列出霍爾
與其他作者集體創作之書籍與其他幾篇引用
率較爲頻繁，或對於研究中心之發展具有指
標意義的文章爲代表。

1964　　*The Popular Arts*（與P. Whannel合
　　　　著）

1971　　*Innovation and Decline in Cultural
　　　　Programming on Television*（爲聯
　　　　合國教科文組織所作關於電視的
　　　　報告）

1971　　"Deviancy, Politics and Media"
　　　　（霍爾於英國社會學協會發表的
　　　　文章）

1973　　" Encoding and Decoding in
　　　　Television Discourse"（刊載於
　　　　CCCS Stencilled Paper, no.7）

1976　*Resistance through Rituals: Youth Subcultures in Post War Britain*（與T. Jefferson合著）

1977　" Culture,the Media and the 'Ideological effect' "（收錄於 *Mass Communication and Society*）

1977　*Policing the Crisis: Mugging, the State, and Law and Order*（與C. Critcher, T. Jefferson, J. Clarke , B. Roberts等人合著）

1980　*Culture, Media, Language: Working Papers in Cultural Studies*（與D. Hobson, A. Lowe, P. Willis等人合著，爲當代文化研究中心於1972-1979年間重要研究的論文選輯）

1980　"Cultural Studies: Two Paradigms"（發表於*Media, Culture and Society*期刊）

1982　"The Rediscovery of 'Ideology': Return of the Repressed in the

Media Studies"（收錄於*Culture, Society and the Media*中）

1985　"Signification, Representation and Ideology: Althusser and the Post-structuralist Debates"（發表於 *Critical Studies in Mass Communication*期刊）

1988　*The Hard Road to Renewal: Thatcherism and the Crisis of the Left*（爲以往霍爾發表於*Marxism Today*期刊上文章之選集）

1990　*The New Times:The Changing Face of Politics in the 1990s*（與M. Jacques 合編）

1992　*Modernity and its Futures*（與D. Held，D. McGrew合編）

1992　*Formations of Modernity*（與B. Gieben合編）

1996　*Stuart Hall: Critical Dialoques in Cultural Studies*（由陳光興與D.

　　　　　Morley合編，其中亦收錄以往霍
　　　　　爾的文章）

1996　*Questions of Cultural Identity*（與
　　　　　P. du Gay合編）

1997　*Representation：Cultural
　　　　　Representations and Signifying
　　　　　Practices*（由霍爾主編並撰寫該
　　　　　書第一、四章）

　　霍爾的政治與思想實踐——沒有保證的
馬克思主義，凸顯出文化馬克思主義進行鬥
爭與論戰的可能性，也確保了霍爾在馬克思
主義史中的地位。在說明社會實踐與其在論
述中的再現/表述（representations）關係時，
霍爾試圖將非化約論的決定、意識形態與霸
權構連起來。對於韋廉斯與湯普森的人道主
義的階級化約主義認爲各種社會實踐與社會
位置（positions）之間必然有一致或決定的
關係，霍爾反對這種看法，他跟隨阿圖舍的
觀點，視社會形構爲複合整體的統一體，其

中各種社會實踐是多重決定的（Grossberg
1985:198）。

　　雖然霍爾在英國大力推薦阿圖舍著作中
的研究，但卻反對阿圖舍的理論主義與功能
主義，以及阿圖舍理論追隨者否認任何統一
（unity）與對稱關係（correspondence）的觀
點。在人道主義者必然一致關係的論點與論
述理論者必然不一致的論點之間，霍爾主張
這種關係可以透過社會團體的活動來實現
（Hall 1986）。各種特殊的實踐可以被構連在
一起，使各種特殊的關係有可能成為社會實
踐和決定的效果而非開端。

　　所以，霍爾更進一步地認為社會形構的
複雜性不能被簡化為一種單一的矛盾，矛盾
是繁多的，而且其中任何一個矛盾都不可能
發生普遍的與主要的決定作用。相反的，不
同的矛盾在不同的構連與鬥爭位置上，有不
一樣的作用。因此決定論被鬥爭論所取代，
這種鬥爭理論把特殊的社會實踐構連在一
起，產生特殊的結果（Grossberg

1985:198）。

　　在霍爾的著作中，可以看出意識形態在
其思想中佔有重要比例，霍爾強調語言、文
化的物質性，並且試圖將意義爭奪、論述紛
爭等因素納入意識形態與文化研究中。因此
在霍爾成為文化研究中心主任時，他借鑑阿
圖舍與葛蘭西的理論深入批判現代傳播媒體
的意識形態與權力結構，雖然此時所發表的
著作都是集體努力的結果，但這些結果都是
在霍爾的領導下，試圖構連權力與反抗的鬥
爭下所完成。

　　從歷史來看，霍爾的發言位置，由三個
主要的座標組成（陳光興 1997a:21）：

(1)新左派的重要代表性人物：他是《新
　　左派評論》的首任主編，韋廉斯去世
　　之後 [2]，霍爾的象徵意義已無法被取
　　代。

(2)文化研究的重鎮：霍爾的影響力不是
　　其他文化研究者所能相抗衡的，雖然

霍爾的作用仍有待分析。

(3)加勒比海的非洲黑人後裔：身為戰後
第一代移民，霍爾積極投入反種族歧
視運動，為少數人開拓文化空間，建
構批判性的文化主體性。

要理解霍爾的思想、書寫與介入，至少
必須從這三個座標相互交叉來理解，否則無
法解釋他特定的書寫。

霍爾的諸多思想實踐，如後殖民論述、
人民民主、威權民粹主義、伯明罕學派、成
人教育、新社會運動、非國家中心主義、文
化認同等，都對我們有思想上的啟發作用。
另外，他對於社會運動的參與和反思，拒絕
在第一世界代表第三世界發言，拒絕成為流
離海外的投機份子（diasporic opportunist），
拒絕個人的名號累積而積極推動集體知識生
產，帶出足以獨當一面的下一世代（如Dick
Hebdigl, Iain Chambers, Angela Mc-Robbie,
Paul Willis, Larry Gross, Paul Gilroy）等，都

是留給後人效法的典範（陳光興 1997a:20）。

　　由於霍爾的長處在於不斷的遊走，隨著
現實狀況的改變來調整立論基礎，想要完整
的討論他過去的轉變軌跡是件極為困難的
事，因此本章的焦點即著重於霍爾身為一個
左翼知識份子，對於馬克思主義的堅持與再
造的實踐上。

二、英國文化研究緣起之時代
　　背景

　　所謂英國文化研究（British cultural
studies），指涉的是第二次世界大戰後在英國
所發展出來的知識傳統，而其發源可追溯自
1950年代以來，英國一連串複雜的歷史經驗
之交互影響。但在學術上的建制化則始於
1964年伯明罕大學（University of
Birmingham）所成立的當代文化研究中心
（Centre for Contemporary Cultural Studies,

CCCS）。該中心的成立，成爲英國文化研究知識匯流的中心，並發展出具有個別特色的研究取向，奠定了伯明罕學派（Birmingham School）的基礎，使得當代文化研究中心成爲文化研究的代名詞[3]。

　　第二次世界大戰後的歐美資本主義，並未像古典馬克思主義所預言般呈現出政治、經濟、文化的危機。相反的，在政治上，西方資本主義國家在對抗以蘇俄爲首的社會主義陣營的冷戰陰影下，達到某種利益的一致。在經濟上，資本主義工業生產迅速地復興，並且以此榮景爲基礎促成了福利國家的建立，相對地減緩了戰前日益激化的階級矛盾（孫紹誼 1995:70）。在文化上，英國走向現代化的新形式及「英國人的美國化」（the Americanzation of the British）都顯示出經過大眾媒體的理性化、資本化與科技化之後，促使大眾文化（mass culture）的出現。初次面對這個嶄新的文化場域，英國絕大多數的人民成爲美國文化產品的消費者，而被併爲

以英美語文媒體為主的共同受眾（common audience）（Grossberg 1993:24）。

　　雖然早在二次大戰之前英國就存在著對於大眾文化的關注，但是美國文化與資本，透過通俗文化（popular culture）與傳播形式日益深入英國社會，從而也逐漸改變該社會。在這一侵襲下，就形成了更實質與特殊的威脅，這種威脅不是指向團體或菁英，而是以「階級文化與民主之文化形構的可能性」為目標（Grossberg 1993:24-5）。

　　由於以通俗性、娛樂性為特徵的美國文化，憑藉現代媒體技術的發展而在歐美社會中廣泛流行，這使得社會文化日益趨同，而為某些批評家稱之為「無階級文化」的時代之降臨，英國文化研究正是在這此背景下產生。為了回應所謂工人階級已經「資產階級化」的論點 [4]，英國社會科學界開始注重都市工人階級社區和文化的研究，意圖證明工人階級價值體系與社會結構，並未隨著福利國家的來臨及通俗文化的流行而消失（孫紹

誼 1995:70)。

　　另一方面，新左派(the New Left)的崛起[5] 與文化研究的發展有密不可分的關係，許多文化研究的關鍵發起者如湯普森、韋廉斯及霍爾等都是新左派的知識分子。發源於英國的「新左派」運動，以激進的大學生與社會青年為主體，希望英國的政治生活復興、激進，但自1956年11月蘇聯坦克開入匈牙利鎮壓革命；不久，英法入侵蘇伊士運河區之後，他們開始感到幻滅（陳學明 1995:17）。這兩個歷史事件使得英國社會主義者質疑與抨擊史達林主義的教條，並且覺醒到殖民主義並未終結，福利國家的出現更不代表剝削的消失（陳光興 1992a:7）。

　　再加上傳統馬克思主義者在理論與政治層面上，無法針對晚期資本主義（late capitalism）的肇始、經濟與政治的殖民主義及帝國主義所產生的新形式、民主世界中種族主義的存在、各種權力關係中文化與意識形態的角色，以及消費性資本主義對於工人

階級與文化所造成的影響提出解釋與應付之
策（Grossberg 1993:25），這些因素在在均促
使了新左派的形成。

時至1960年代，大眾媒體與次文化的發
展在新左派所開拓出的空間之外，也成為文
化研究的關注焦點。大眾傳播媒體逐漸凸顯
的重要性，不僅在於它以娛樂的形式滲入生
活空間中，更在於媒體意識形態層次的功
用，這在新聞及紀錄片的呈現中可以看出其
與政治領域的直接關連。同時，各類次文化
為對抗優勢的權力結構而產生，工人、青少
年文化及與中產階級持續敵對的次文化組
織，都對文化研究的工作帶來影響
（Grossberg 1993:25）。

女性主義與新右派（the New Right）的
興起，成為1970年代對文化研究最直接、具
衝擊力的影響。女性主義運動在政治及理論
層次上，都碰觸到文化研究前期發展中所忽
略的問題，性別關係與性別差異在社會空間
浮現的問題，直接挑戰到文化研究既有的社

會認識論架構。另一方面，新右派的興起成
爲英國一股強而有力的政治與意識形態力
量，在態勢上打破了以工黨爲主導的左派組
織力量，使得左派無法提供有效的相對策略
與回應（陳光興 1992a:10）。

　　從1980年代至1990年代早期，文化研究
仍繼續堅持以往的主張，並且將關注焦點重
返於戰爭結束時期在大眾媒體與知識論述中
所展現的力量[6]（Grossberg 1993:26）。另一
方面，英國右翼勢力自1970年代末期取得執
政權，直到1997年才由左翼工黨布萊爾取
回，右翼長期執政的結果已徹底將英國社會
的基礎建設改頭換面。如何重新思索問題、
拉近與大多數民眾之間的距離及調整左翼運
動策略，是文化研究至今所直接面臨的政治
問題。

三、馬克思主義與文化研究之理論發展

(一)文化研究的理論軌跡

　　在文化研究的理論發展中，上一節所述及的歷史性因素與政治上的關懷，一直都以辯論和挑戰的形式出現。由於政治（politics）在文化研究中的意義被廣泛解釋為權力的分配與操作，而非僅限於政黨政治或由國家所操作的權力等解釋。故舉凡社會上權力的運作、權力構成的位置範圍（range of sites）及權力分配的機能等，都是文化研究致力於理論化工作的範圍（Turner 1996:216）。因此文化研究自身即透過一連串對外與內部成員之間的辯論變換腳步，不去固守原有的立場，在辯論過程中取得發展上的活力與養分。

　　在辯論的策略上，文化研究通常拒絕被

逼到死角或走向極端，而往往在辯論的兩極
之間尋找中間位置，就如霍爾所言：文化研
究須在結構主義與文化主義之間尋找出空間
位置（Hall 1986:41-46）。文化研究者深信辯
論的目的不在於戰勝現實世界，而在於如何
能夠更貼切地分析現實世界。

　　文化研究發展的初期，即透過韋廉斯、
湯普森與霍格特[7]三人之社會人道主義
（socialist humanism）與傳統馬克思主義者、
當代生活與政治之文學、歷史研究取向間的
辯論形成立場。

　　韋廉斯、湯普森與霍格特三人及新左派
直接挑戰傳統馬克思主義的經濟化約論，強
調人類經驗、創造力行動主體的重要性，以
及文化生產的決定性力量。同時他們對於既
有文學與歷史研究的菁英主義，將工人階級
文化排除於歷史之外提出挑戰（Grossberg
1993:27）。「文化」對於首次嘗試定義文化
研究的三人而言，不僅是鬥爭的場域，更是
鬥爭的來源與方法，而人們具體的生活經驗

與文化產品就是戰場上的主角。

　　文化研究逐漸形成的人道的馬克思主義
（霍爾稱之為文化主義），在1960年代末、
1970年代初與阿圖舍（Louis Althusser 1918-
1990）結構馬克思主義（Structural Marxism）
的反人道主義展開辯論（Hall 1986:41-46）。
結構馬克思主義反對文化主義，視文化形
式、經驗及階級位置之間有必然的對應關
係，反對將主體及其生活經驗視為歷史的來
源，但是結構馬克思主義同時也承認文化領
域的力量與相對自主性（陳光興 1992a:11）。
在這階段的辯論中，文化研究融合了文化主
義與結構主義的解釋力，使伯明罕學派的理
論立場得以逐漸湧現。

　　1964年，當代文化研究中心在伯明罕大
學正式成立，由霍格特擔任中心主任參與當
代文化研究中心的運作。在霍格特、韋廉斯
及湯普森的影響下，該中心強調研究日常生
活，關注某一特定階級的「活」文化，並且
注重現代大眾傳播媒體研究。從當代文化研

究中心關注工人文化及批判資本主義的態度
中可看出馬克思主義的深刻影響；但不同於
傳統馬克思主義的是，研究中心把理論的重
心從政治、經濟研究轉向文化及文化機構的
研究，賦予文化不從屬於經濟基礎的意義，
由此而成爲「西方馬克思主義」思潮[8]中的
一支（孫紹誼 1995:73）。

　　儘管當代文化研究中心的主要目的之一
是培養研究生，但該中心卻一反傳統研究生
教育授課、考試、頒發學位的程序，強調集
體的研究而非個人的學術成就；並且鼓勵研
究生成立各類研究、讀書小組，由各小組的
成員共同決定研究主題，小組之間的人員也
能自由跨越。在每年年終時各小組集合研究
成果，對整個中心的師生提出報告以及互相
辯論，最後的成果發表於中心所出版的《文
化研究論文集》（*Working Papers in Cultural
Studies*）中。由於在結構上，已經打破了師
生之間的刻板關係，因此在研究的主題上更
顯得包羅萬象：舉凡工人階級的文化、次文

化群體的形成、大眾文化、知識社會學、女
性主義等等都是文化研究跨出研究腳步的嘗
試（陳光興 1992b:142-143）。

　　另一方面，由於文化研究的特色在於對
實際文化的內容及結構做分析，將理論建構
深植於歷史文化中，於是在此後的一、二十
年中，伯明罕當代文化研究中心成了英國文
化研究的核心機構，圍繞此中心而形成的伯
明罕學派為歐美文化研究做出了戰略性的貢
獻，其論著迄今仍是歐美大學人文、傳播、
電影、社會學等專業的必讀文獻（孫紹誼
1995:73）。

　　1970年代中期，文化研究重讀葛蘭西
（Antonio Gramsci 1891-1937）的 霸 權
（hegemony）分析架構，將文化主義與結構
主義相互結合，和後結構主義的論述理論
（discourse theory）發生下一波論戰。

　　論述理論將阿圖舍的意識形態理論透過
德希達（Jacques Derrida）的解構策略（有時
也與傅柯的權力理論結合），導向文化主義的

另一極端，認爲文化形式、經驗及階級位置之間，必然沒有任何對應關係。論述理論的另一支，則將阿圖舍與拉岡（Jaques Lacan 1901-1983）的精神分析結合，透過電影文化的分析來解剖意識形態的實踐（陳光興 1992a:12）。文化研究認爲這些理論將社會認同的問題化約成預先已經決定的文本的（textual）與力必多的（libidinal）過程，特別是這些立場無法解釋抗拒的可能性（Grossberg 1993:29）。

另一方面，後結構的論述理論則質疑文化研究堅持人道主義的立場，以及將階級認同與經驗本質化，使其無法解釋主體性（subjectivity）與主體位置的出現，雖然文化研究視意識形態爲一不斷的過程，在這個過程中，認同在社會差異性中取得義意，但是卻無法說明這個過程的性質及運作機制。因此，文化研究雖然可以找出工人階級文化抗拒的空間，卻無法看到抗拒的形式經常被吸納或強化宰制性的權力關係，這種現象在種

族及性別歧視（sexism）上特別明顯
（Grossberg 1993:29）。

在這些辯論中，文化研究企圖將自己界
定為一種非化約論的馬克思主義，關切的問
題是特定的歷史脈絡與形構，這種歷史接合
點（historical conjuncture）的理論拒絕將所
有實踐納入文化的領域，但卻認識到權力的
真實結構化是依據宰制關係而產生（陳光興
1992a:12）。這種立場重新找回馬克思的名
言：「人類創造了他們本身的歷史，但並非
按照他們所喜愛來創造，也不是在他們自己
選擇的情況下創造，而是在他們直接遭逢到
的、給予的或過去承繼下來的狀況下，去創
造歷史個人及社會群體是在既定的狀況中創
造歷史。」（CW 11:103；洪鎌德 1997a:156-
157；洪鎌德 1997c:225）文化研究即在這種
狀況中謀求最大抗爭的可能性。

1980年代中期以後，文化研究再一次面
對與後現代主義的爭辯，在歷史、文化、政
治、媒體等不同的層次，迎接傅柯、布希亞

（Jean Baudrillard）、麥克羅比（Angela McRobbie）、詹博斯（Iain Chambers）、葛羅斯貝格（Laurence Grossberg）等人的批判觀點，吸收後現代主義中具有批判性的面向，但是仍然堅持在地（local）、性別、人種、階級各層次抗爭的重要性（陳光興 1992a:12）。

(二)文化研究的陣地戰 [9]

葛羅斯貝格使用八個可標示出文化研究的方向與趨勢之理論性「問題意識」（problematics）：

(1)認識論與解釋（epistemology and interpretation）：以何種方式或觀點來探討知識。

(2)決定（determination）：探討在何種歷史與社會條件的限制下形成文化產品與社會活動的過程。

(3)行動體（agency）：探討創造歷史的主體與方式爲何。

(4)社會形構之結構（the structre of the social formation）：探討組成社會的元素爲何、元素之間的關係又爲何。

(5)文化形構之結構（the structre of the cultural formation）：探討構成文化的元素爲何、元素之間的關係又爲何。

(6)權力（power）：探討權力運作的方式與主體爲何。

(7)文化鬥爭之特性（the specificity of cultural struggle）：探討在何種場域及採取何種方式進行文化鬥爭。

(8)現代性之歷史位置（the historical site of modernity）：探討何者在歷史上具有現代性的地位。

另外，再從文化研究形構中，將範圍廣大、橫跨諸多概念性與策略性的差異摘要爲五種暫時穩定的形式（temporarily stable forms）（Grossberg 1993:32-5）：

1. 文學的人道主義 (the literary humanism)

　　霍格特的著作《識字的用途》給予文化研究最初的知識輪廓，並擴展李維斯（F. R. Leavis）文學評論的概念，他主張以特定實踐為根據的「細讀」（close reading）方式，可以揭露社會中無法以其他方式取得的事物。文化研究的主旨即在於發掘承載著社會結構的價值——這些價值相互交錯著，而且相互影響著個人的心理生活，並再現於文化文本中。相同的，韋廉斯認為任何文化文本只能在整體社會形構的脈絡中、在生活方式的所有元素間之關係中才能被理解。

　　在認識論方面，霍格特依循著李維斯的直觀經驗主義，以細讀揭露文本的意義，因此也導向一個簡單的原子（atomic）本質主義的決定理論[10]，富有想像力與創造力的個人於是成為歷史的行動體。在《識字的用途》中霍格特以階級鬥爭作為社會形構的原型（model），在文化形構中人們被藝術的與媒體的菁英所吸引。權力透過正當性的鬥爭表露

無遺，就如同生活的某一方式被某種主流菁
英的價值領域所殖民一般，文化鬥爭涵括了
正當性與文化地位（status）的爭戰。最後，
霍格特所關注的現代性的位置就是大眾媒
體，對於大眾媒體的新文化形式與工人階級
受到美國化殖民的影響均出現在《識字的用
途》一書中，因此該書基本上被視為關於大
眾媒體的一個文本（Grossberg 1993:37）。

2. 辯證的社會學（dialectical sociology）

　　韋廉斯著作的再理論化促成了這個立場
的浮現。韋廉斯關於文化所提出的兩個主要
概念對早期立場的形成具有重要性，一為感
知結構（structure of feeling）；二為共享過
程[11]（community of process）。在韋廉斯及
霍格特的著作中經常可見他們藉由建構傳播
過程的理論性，以消除藝術的特權。此外，
符號學與結構主義持續在方法學上與理論上
的衝擊，以及在社會學與人類學方面的閱
讀，促成當代文化研究中心把一種相互主觀

性[12]（inter-subjectivity）的辯證理論引入現象學的社會學之中。

在這個時期，大多數的解釋工作仍然以經驗論者的認識論爲基礎時，研究中心逐漸以由結構與系統組成意義的結構的經驗主義爲其認識論基礎。由於此時仍假設文化與社會間存有直接的對應關係，因此沿襲霍格特的本質主義的決定論，不同的是此時研究中心強調文化與社會間有其必要的中介（mediations），同時也以爲個人與社會間存有複雜的辯證關係。辯證的社會學將個人行動體的焦點轉移至相互主觀性意義與社會適當位置的主體等歷史行動體之上，這股社會學的引力，改變了原本以強調富有創造力人類爲主體的人道主義概念結構。

由於逐漸加入馬克思見解的緣故，社會形構的原型繼續被界定爲階級鬥爭，但是文化形構卻被重新想像爲透過前進的過程與社會傳播的結構所產生的一個進步整體，而非視爲人民與主流菁英間的衝突，因此現代性

繼續被設定在大眾媒體中,並重新省思文化
權力與鬥爭的位置。文化研究的特性設定在
相互主觀意義或意識形態上,研究中心不贊
成反射的與化約的意識形態概念,反而贊同
將意識形態看成是一個同意的、共識的
(consensual)世界觀的構成,所以文化權力
就是同意(consensus),文化鬥爭可視為對在
社會學上可設定的意義結構之反抗
(Grossberg 1993:40-41)。不過霍爾於1980年
提出製碼與解碼的符號學概念為表意結構的
兩端之後,卻促使文化研究承認差異概念的
密切關係,終於挑戰了相互主觀性的假設,
而進入一個嶄新的學說假設。

3. 文化主義(culturalism)

　　研究中心在1970年代中期之後,首先透
過青少年次文化的研究,再來是提出奠基於
製碼與解碼分離的媒體傳播模式,而浮現出
文化主義的立場(Grossberg 1993:42)。次文
化理論經常被視為研究中心反抗理論方面的

基本範例，也是研究中心致力於社會與文化
的現象學理論的一部份成果[13]。

霍爾對於在韋廉斯的文化主義與阿圖舍
的結構主義間，如何尋找出一條研究中心自
己的道路時，分別對韋廉斯與阿圖舍的理論
假設提出質疑，並且接合二人部份的理論成
為一個調和的理論空間，使研究中心基本上
保持「社會範疇與意義在個人與團體之間中
介社會進程的方式」（CCCS 1972-74:3）。這
個文化的人道主義概念，終於得以存在於這
個理論空間中。

在這個時期，一方面由於與結構主義部
份理論融合（如文化與意識形態的相對自主
性），另一方面又保存人道馬克思主義的決定
理論，因此兼具了結構主義與因襲主義
（conventionalism）的成份。當阿圖舍的相對
自主性及多重決定理論逐漸強調差異與必然
關連的缺乏時，文化研究試圖跳出阿圖舍否
認任何歷史對稱的框架，重新書寫出結構對
稱且系統化的本質主義。文化研究在社會形

構的結構方面仍繼續早期理論的社會學趨
向,但挑戰原先社會整體的簡單假設,引入
阿圖舍主控結構(structure-in-dominanance)
的概念(Grossberg 1993:47)。

　　解釋社會差異之可能性逐漸增加,促使
不同的文化形構原型的產生,也就是在中心
與邊陲之間發生激進的分離,而權力的角力
戰可從收編(incorporation)與反抗之間清楚
看出。另一方面,消費行為顯露出提供霸權
形構快速收編文化實踐與社會團體嶄新的可
能性,因此消費本身成為文化研究了解現代
性問題的位置。此時文化研究的立場不再將
意識形態直接視為一個世界觀,而是認為意
識形態是社會認同與在真實的社會學差異下
經驗之產品(Grossberg 1993:48)。

4. 結構的接合陣地 (a structural-conjuncturalist position)

　　葛蘭西對文化研究的影響層面,經過人
們重讀他的作品而於此時期逐漸呈現,不僅

使意識形態與社會形構在理論上更為寬廣，
提供文化對於歷史接合的關係一個不同的視
野，也改變了文化研究根本方向的論述。此
時文化研究理論的轉變朝向接合主義
（conjuncturalism），避免重蹈本質主義者的決
定理論以及主張必然的對應與必然沒有對應
所犯的錯誤；而認為當沒有必然的關係時，
其實總是存在著真實有效的對應關係
（Grossberg 1993:50）。

　　在被給予的特定文本、特定有效意義
後，由人們在真實條件及歷史上力量被構連
的限制下來操作，與特定社會團體及政治立
場連結起來，個人與社會團體可以實際的創
造歷史，社會的構連成為理論的行動體。關
於社會形構，接合主義拒絕阿圖舍認為結構
的整體性是被確保的看法，也駁斥各層次的
相對自主性被設定在特殊接合之外的說法，
主張任何的層次（如政治、意識形態與經濟
等）在內部或外部都是被構連起來的 [14]，而
且充滿了差異與矛盾，因此社會的形構是呈

現出破碎或構連的整體，而非完整的。

　　由於承認文化領域具有複雜性，因此文
化研究將文化形構描述為宰制的（dominant）
與庶民的（popular）抽象關係，因為庶民的
定義來自不同於他們的宰制文化，並且附屬
於宰制文化。從權力的論述中來看文化的關
係，可看出人們生活在複雜而又變動的社會
關係網路中，宰制與附屬之間在許多矛盾的
地方、在不同的與具有階級的權力關係中，
有著密切的關連。文化研究關心葛蘭西所提
出的權力與市民社會之論述，並藉此界定文
化研究的特性。欲建立市民社會需要橫跨國
內大範圍的活動與機構的構連計畫，在此基
礎上建立霸權。因此霸權是浮現於歷史上的
鬥爭，鬥爭的力量由出現於市民社會政治與
文化舞台上的大眾（masses）所發起，唯有
在市民社會與霸權中掙得一席領導地位，大
眾才能在先進資本、民主社會的當代世界
中，界定自己的位置（Grossberg 1993:56-
57）。

5. 後現代的接合陣地 （a postmodern-conjuncturalist position）：

當代大眾文化傳播新形式的出現與歷史行動體的複雜構連[15]，兩者間的緊密關係是促使文化研究接合主義與後現代轉向互相結合，並朝向大眾傳播問題意識的確切轉折點。文化研究兩個接合主義間的主要不同處在於後現代形式拒絕給予差異特權，並假定差異的真實性或有效性（effectivity）。差異的存在（或有效性）是它們本身構連的歷史產物，因此後現代的文化研究企圖重新構連（後）現代逐漸增加的跨國性脈絡，而非持續地對抗異己（otherness）的自我再生產論述。

在此，實在（reality，或稱實相）不是指形而上學的或歷史來源的定義，而是具體效力的方針之導圖，實在並非外在於任何工具（apparatus）之外，而是只表現於包含它的論述之中，這代表在論述與真實間如出現差異，會導致認識論發生問題的情況。

　　構連與有效性的理論發掘出我們的能
力，以假定主觀性與認同在差異中被組成，
這個說法挑戰了在社會學導向下將主體設定
在多元社會差異與其意識形態構連之中的文
化研究主張。主體本身就是一個結構，是在
工具之中或工具之間構連與被構連的運動。

　　流動的（nomadic）主體性只存在於工具
的運動之中與工具的運動之間，並且拒絕具
有單一、統一認同的實存主體以及被解構
的、永久破裂的主體。流動主體可以不斷再
製、重新形塑，就如同一組在流動脈絡中處
於機動狀態的向量。主體依舊是構連的原動
力，也是主體自身歷史的鬥爭位置（site），
但是主體的形式與有效性質卻不是主體所能
保證的（Grossberg 1993:61）。流動主體就像
變形蟲一般，為自己在特定工具（如歷史的
形構）中贏得一些空間而鬥爭。

　　在後現代的文化研究者看來，歷史永遠
是鬥爭的產品，而這些鬥爭是用不同方式對
不同的實踐與社會位置授與權力及解除權

力。具體來說，權力是在特定關係中使特定
實踐成為可能。權力總是在授權與解除權力
狀態之中，因此某一特定構連可同時處在授
權與解除權力的情況，就像人們能同時贏得
並失去某些東西一樣。

　　庶民論述的貶抑已經有一段久遠的歷
史，只有在被教化至藝術或意識形態作用
中，庶民才能被賦予一定地位。文化研究將
這壓抑已久的論述置入議題，並將庶民視為
文化的鬥爭所在。就文化形構而言，屬於身
體上、超出意識控制的反應（如流淚、尖
叫、驚嚇等）是庶民的有效標記與力必多成
果（libidinal work），這些情感的、易怒的、
刺激的反應描述出效果的特殊類型之構連，
以及某些實踐嵌入日常生活的工具中的特殊
方式。庶民就是被歷史地設定在感受性之
上，在這種由情感作用決定的方式中，庶民
的客體（popular objects）被構連、包圍與佔
據（Grossberg 1993:63）。

　　在當代生活中，大眾媒體與日俱增的權

力正在重新形塑與分配庶民的形式與位置，
因此文化研究不僅注重意識形態理論與社會
權力，也致力於大眾傳播理論與各式各樣後
現代性的理論，這也是文化研究將現代性歷
史位置設定在大眾上的原因。

　　透過這八個問題意識與五種文化研究陣
地（positions）兩者間的對照可概略地看出
文化研究發展的架構（參見**表2-1**）。

　　葛羅斯貝格表示，當這些陣地被視為文
化研究或當代文化研究中心的歷史階段之真
實表現，或者被視為特定文本的解釋時，實
際上是出自於文化研究複雜領域內的抽象概
念，也代表著陣地戰（the war of positions）
不斷發生的地點與向量（vectors）。而個別的
作者與工作延續則不斷地在這個地域上游
走，經常沿著這些理想化的向量前後滑行
（Grossberg 1993:33）。再者，這些陣地也提
供了一份導圖，有助於了解構成文化研究的
力量中不斷改變狀態的競賽，而且其中有些
力量仍然持續存在著。

表2-1 從八個理論性問題意識及五種陣地所在看文化研究

	文學的人道主義	辯證的社會學	文化主義	結構的接合陣地	後現代的接合陣地
認識論	直觀的經驗主義	結構的經驗主義	因襲主義	現實主義/脈絡主義	製造/工具
決定	原子的本質主義	辯證的本質主義	結構的本質主義	以構連為特性	以構連為有效性
行動體（動作）	人道主義的美學	社會的人道主義	社會的人道主義	社會的構連	流動的構連
社會形構之結構	階級	階級	宰制結構	斷裂的整體	斷裂的整體
文化形構之結構	菁英/大眾	公眾/私人	中心/邊陲	宰制者/庶民	感受性
權力	正當性/價值	同意	收編/反抗	宰制/附屬	授權/解除授權
文化鬥爭之特性	以文化/社會為感知結構	以意識形態為世界觀	以意識形態為經驗	市民社會	庶民
現代性之歷史位置	大眾媒體	大眾媒體	消費	霸權	大眾

本表摘錄自Grossberg 1993:35

註釋

〔1〕霍爾與威廉斯、霍格特一樣，早年曾經當過成人教育的講師，從事成人教育工作促使三人接觸到不同範圍的次文化團體，有別於正規大學內隸屬於菁英文化的學生，並且深刻體會英國傳統教育制度的目標與學生之間的文化、意識形態差距，隨著通俗文化的流行而日漸加大，這樣的經驗與文化研究早期的發展基礎有相當大的關連。參見Turner, 1996:41 及孫紹誼，1995:81。

〔2〕威廉斯於1988年辭世。

〔3〕由於1980年代後，文化研究已快速滲入各個領域之中，更擴散至美國、加拿大與澳洲等地，故如今已不再具有英國當代文化研究之特定指稱。

〔4〕由於資本主義結構的轉變，馬克思理論中心的勞動性質也有所改變，跟著工人階級的性質和存在也發生轉變，因此便有人認為工人階級的生活條件、意識形態與中產階級已沒有本質上的區別。參見洪鎌德，1997b:436-437。

〔5〕關於新左派的崛起，請參考洪鎌德，1994:41-63。

〔6〕文化研究重新研究過去戰後時期所產生的現象，諸如跨時代的非理性經驗、恐懼及無意義等。

〔7〕霍格特之著作《識字的用途》(*The Use of Literacy*, 1958)、韋廉斯之著作《文化與社會》(*Culture and Society*, 1958)、《長期革命》(*The Long Revolution*, 1961)、《溝通》(*Communications*, 1962)及湯普森之著作《英國工人階級之形成》(*The Making of the English Working Class*, 1963)等書的陸續出版,對於英國文化研究的確立與伯明罕學派的孕育成形,具有直接的影響力。

〔8〕西方馬克思主義(Western Marxism)除主要奠基人盧卡奇、柯爾施、葛蘭西三人的思想理論之外,還包括了「法蘭克福學派」、「存在主義的馬克思主義」、「結構主義的馬克思主義」、「新實證主義的馬克思主義」、「日常生活批判理論」、「布達佩斯學派」等理論思潮。請參見洪鎌德,1996:7-11。

〔9〕葛蘭西針對不同類型的國家及權力網路,將革命的策略分爲運動戰(war of movement)與陣地戰(war of position)二種,後者代表一種長期、連續的戰略,在社會與文化力量的對比中逐漸轉換。參考洪鎌德,黃德怡,1994:18-19。本書參考葛蘭西對陣地戰的定義而將文化研究的五種暫定形式譯爲五種陣地戰形態。

〔10〕此決定論認爲文本與文化本身是完全相同的,而且兩者間的關係可以透過某項假定的必然對稱關

係解讀出來。

〔11〕共享過程即為個人在社會中所生活出來的意義，
與外在化於文化產品（慣例、制度與作品）中的
意義之互動過程。在此過程中，意義的分享與現
實的建構是所有成員均參與的活動，成員活動於
社會之中，透過傳播，試圖超越階級、職業身分
的束縛，分享共同意義。最後，新意義的提出、
接受與比較也帶來張力與變遷。如果說共享過程
是傳播的理想，那麼感知結構則是共享過程體現
出來的實際結果。參見謝國雄，1984:48-49。

〔12〕個人對於傳播所產生的反應並非出於個人本質，
而且這些反應在某種程度上是可以由某個文化或
次文化的所有成員所分享的。因此一幅以溫暖燈
光加上柔焦鏡頭所拍攝而成的照片也許就可以引
發出傷感的主觀反應，但這必須透過共享的習慣
（conventions），在較深層次的意義（如含意）上
運作才可能發生。這種共享的主觀反應就是相互
主觀性，而這也是一個文化影響其成員以及使其
成員肯定文化認同（cultural identity）的重要方
法，參見 O'Sullivan et al., 1994:157。

〔13〕研究中心的反抗理論在霍爾等人合著之《透過儀
式的反抗》（*Resistance Through Rituals*, 1975）第
一章中有更深入的描述，另外還有次文化團體的
相關研究。

〔14〕articulation在文化研究的文獻中出現時，並非指
　　　說話清晰的意思，而稱爲構連，這是指大規模社
　　　會力量（如生產方式，modes of production）中
　　　的兩種組成份子在特定時空及形構下的連結，因
　　　而產生出任一實踐、文本或事件的結構性決定因
　　　素。在連結的力量中，存在著階層的分別，而非
　　　均等的相互連結，即在主控的力量下形成結構
　　　（structured in dominance）。「構連」常見於馬克
　　　思主義者與英國當代文化研究中心的作品中，原
　　　先指涉生產方式的構連，但近來已延伸其意義，
　　　泛指其他社會力量（如種族與階級等）的結合。
　　　參見O'Sullivan et al., 1994:17-18。

〔15〕大眾在當代晚期資本主義權力的形式中，既身爲
　　　主體，也身爲客體。

　　意識形態是文化研究最重要的概念範
疇，甚至可以這麼說：英國文化研究是意識
形態的研究，因為這些研究以複雜多樣的方
式將文化同化於意識形態中（Carey 1989:
97；Storey 1993:3）。這種同化的程度可以從
他們有時將文化與意識形態的區別視為一種
策略上的不同，而非實質上的不同看出。因
此，文化研究與政經學派之間對意識形態看
法的歧異就因應而生 [1]。一般而言，意識形
態的範疇在文化研究與馬克思主義理論中至
今仍然是一個主要的理論性問題（Turner
1996:182），因此霍爾長期以來一直試圖在這
個問題上找出最好的切入點。

　　對霍爾而言，意識形態是現今歷史研究
最主要的文化範疇與中心事實。因為意識形
態意味著個人、團體與階級用以理解所處世
界的價值、概念、直覺與理論之架構，所以
意識形態的決定（determination）與分析，都
必定是語言學的範疇（Inglis 1993:85）。於
此，1970年代文化研究引用阿圖舍的理論，

然後逐漸併入葛蘭西的霸權理論以解決文化
主義／結構主義的裂隙，因爲葛蘭西視意識
形態爲一特別活潑的爭論位置，以及視庶民
文化（popular culture）爲對抗霸權形構的重
要來源。在1980年代晚期，這種庶民文化的
觀點結合了享樂（pleasure）的概念與後現代
主義者將感覺優先於意義的理論，才消滅掉
將意識形態當作一股完全有效的決定力量的
論點（Turner 1996:183）。

　　在古典馬克思主義階級鬥爭理論與霍爾
本身的文化研究架構之間，霍爾導入西方馬
克思主義者葛蘭西與阿圖舍的理論，使得二
者融合在一起，更深入剖析現代社會中語言
及傳播媒體的意識形態與權力結構。因此本
章將僅探討意識形態在馬克思主義傳統上的
定義或解釋。本章第一節從古典馬克思主義
中的意識形態理論及其作用談起，第二節簡
述葛蘭西與阿圖舍二人分別對古典馬克思主
義所提出的修正與補充，第三節所要探討的
是霍爾如何堅持馬克思主義，並且在此基礎

上運用語言、符號學等論點，將意識形態鬥
爭應用至社會文化的物質層次，至於應用層
次（實踐部分）則留待下兩章討論。

一、古典馬克思主義

(一)唯物史觀

　　對馬克思而言，意識形態具有兩種貶意：
第一、意識形態與唯心主義（idealism）相聯
繫，是唯物主義的反面，對馬克思而言，任
何一種正確的世界觀必須是唯物主義的觀
點；第二、意識形態與社會中資源及權力分
配不均有關，如果社會上與經濟上的資源分
配有問題時，那麼身為它們一部分的意識形
態也必然如此（McLellan 1994:15）。雖然馬
克思並未對意識形態進行有系統的陳述而僅
散見於部分著作中，但在馬克思創建的唯物

主義的社會理論中，馬克思同時也為意識形
態建構了框架，不論其是否具有負面意義，
卻留予後人廣泛的討論空間。

在馬克思與恩格斯合著的《德意志意識
形態》中[2]，馬克思試圖闡釋他批評宗教與
黑格爾的政治哲學所獲得的思想：「意識在
任何時候都只是能是被意識到的存在，而人
們的存在就是他們的實際生活過程……。不
是意識決定生活，而是生活決定意識。」
（Marx 1977:164）滿足食、衣、住、行等方
面的物質需要，是社會的基本過程，馬克思
所說的唯物史觀（the materialist conception of
history），就是人類透過物質實踐的過程所創
造的社會變遷與歷史遞嬗。

馬克思的唯物史觀說明社會是由經濟基
礎的生產方式與典章制度以及意識形態的上
層建築所構成，社會的穩定演進主要是由這
兩者的適當搭配所致，因此有怎樣的生產方
式便有怎樣的典章制度（和意識形態）。一旦
典章制度發展不如生產方式迅速，而造成對

生產方式的桎梏時，社會便會釀成巨變，產生暴亂、革命。由於生產方式中起變化作用的生產力，一直掌握在擁有生產資料的資產階級手中，因此資產階級與無產階級之間的社會關係就形成社會的階級關係（洪鎌德1997b:257）。由此觀之，社會的變遷導因於社會本身矛盾的爆發，整部人類歷史便是階級關係與階級鬥爭的紀錄。

　　人類的觀念、想法、意識的產生，與人類的物質生產息息相關，也與人類的交易活動緊密相連，因此人類的思維、精神溝通等行為可說是由物質行為導引出來的，所以人類在政治、宗教、法律及道德方面的語言溝通也是人類物質行為的產品。人類是自己想像的生產者，也是自己理念的製造者，至於人類的意識不過是對自己存有的一種體會與感受，所以人的意識形態及與其相對稱的意識形式，都不可能是獨立自足之物，自然也無法自行發展，也沒有變遷歷史的可能（洪鎌德 1997c:185）。只有能夠從事生產、交易

活動的人群，才能創造實在、改變實在，進
而改變人的思想與思想的產品。

　　由上可知，社會的基礎爲生產方式，在
生產方式之上則矗立著各種思想活動的產品
（如政治、宗教、道德、藝術、哲學、法
律），通稱爲意識形態，以及與意識形態相對
稱的社會意識的形式[3]（formation of social
consciousness）。根據馬克思的觀點，社會的
眞實基礎在下層建築（即生產方式），生產方
式創造了交易方式與分配方式，這三者構成
經濟運動的核心，一但生產方式發生變化，
就會帶動交易與分配方式的變化，接著引發
整個社會上層建築的變化，所以經濟變化帶
動社會變化的過程就是人類社會的變遷史
（洪鎌德 1997c:187-188）（參見圖3-1）。

　　馬克思認爲下層建築制約上層建築的說
法，在當時曾引發許多爭議，後人更將此說
歸類爲「經濟決定論」或「經濟化約論」。其
實恩格斯曾在一封致友人的信中指出經濟具
有「最終的優勢」或「在最後的情況下仍起

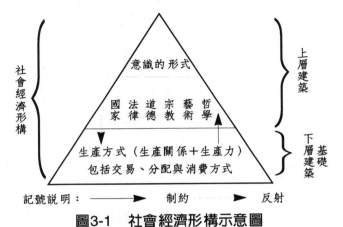

圖3-1　社會經濟形構示意圖

資料來源：馬克思，《政治經濟學批判獻言》〈序言〉
　　　　　（SW 1:503-505），本圖摘錄自洪鎌德
　　　　　1997c:187。

主導作用」（SC 401）。也就是說，儘管馬克
思與恩格斯主張「在最終的情況下」（in the
last instance）經濟力量會成為社會變遷的主
導力，但不排除上層建築對下層建築也會發
生影響，造成整個社會的改變（洪鎌德
1997b:278）。只不過經濟結構對政治與社會
的影響與決定是直接的，而對於社會意識諸
種形式的影響則是間接的。

(二)意識形態

從唯物史觀可以了解意識形態在馬克思的社會經濟形構中佔有什麼性質的地位。另一方面，由於馬克思認為經濟結構主導著社會變遷的力量，因此欲探究位於經濟結構上層的意識形態，也必須從物質的層面的影響來探討其根源。

> 思想、觀念、意識的生產，最初是直接與人們的物質活動、與人們的物質交往以及現實生活的語言交織在一起的。觀念、思維、人們的精神交往，在這裡還是人們物質關係的直接產物。表現在某一民族的政治、法律、道德、宗教、形而上學等語言中的精神生產也是這樣......。那些發展著自己的物質生產和物質交往的人們，在改變自己這個現實的同時，也改變著自己的思維和思維的產物。（Marx 1977: 164）

　　由此可知，意識形態必須從物質實踐的
方式說明。然而，並不是所有的思想都是意
識形態，使思想成爲意識形態的決定性因
素，是思想與勞動過程中固有的社會和經濟
關係的衝突性之間的關連。這些衝突來自於
兩個因素：一是勞動分工；二是私有財產的
存在，以及私人利益不再與公共利益一致
（McLellan 1994:18）。由於思想與階級鬥爭的
連繫，以及這種鬥爭的社會與經濟的基礎，
才使那些思想具有意識形態的力量。

　　馬克思說：「統治階級的思想在每一個
時代都是佔統治地位的思想，亦即擁有社會
主導物質力量的階級，同時也擁有知識的力
量。」（Marx 1977:176）換句話說，那些控
制了經濟的生產與分配的人（階級），同時也
能調節思想的生產與分配，而缺乏思想生產
工具的人（階級）只有伏首聽令。因此馬克
思認爲使思想成爲意識形態的關鍵在於它們
對社會和經濟關係的眞實性質所作的掩蓋，
以及因此而被用來爲社會中經濟利益分配的

不平等進行辯護，促進統治階級的利益。

> 如果在全部意識形態中，人們和他的關
> 係就像在照相機中一樣是倒現的，那麼
> 這種現象也是從人們生活的歷史過程中
> 產生的，正如物像在視網膜上的倒影是
> 直接從人們生活的物理過程中產生的一
> 樣。（Marx 1977: 164）

　　馬克思以照相機的譬喻，將意識形態視
為歪曲或顛倒的現實，因為現實本身是歪曲
的或顛倒的，這就是意識形態被認為是虛假
或錯誤的意識（false consciousness）之原
因。在《資本論》中，馬克思更認為意識形
態被用來掩蓋資本主義社會現實的生產關
係，反映某種實際的事物，其本身也被看作
是一種真實的力量（McLellan 1994:22）。對
馬克思而言，在上層建築的思想中，只有那
些用來建立宰制關係，並使其永恆化的成份
才是意識形態的（McLellan 1994: 25）。
　　霍爾認為馬克思最常使用意識形態來指

稱那些資產階級的思想顯現，尤其是它所具有的扭曲與負面特徵；另外馬克思也使用意識形態來指涉他所反對的不正確觀念，即系統化的或大力鼓吹的觀念[4]，馬克思更使用它作爲反對黑格爾主義、宗教、唯心論哲學的武器。在《德意志意識形態》與《哲學的貧困》中，馬克思與恩格斯爲了對抗反唯物主義的哲學，進一步確立自己的爭辯論點，而簡化了許多有系統的陳述，這使得後來關於意識形態的問題因應而生（Hall 1996a: 28）。

　　在探討馬克思談論意識形態時，值得注意的問題是馬克思終其一生並未使用過假意識（false consciousness）一詞，假意識最早是由恩格斯提出，並且將假意識等同於意識形態，在恩格斯的信件中提到：

　　意識形態是由所謂的思想家有意識地、但是以假意識完成的過程。推動他的真正動力始終是他所不知道的，否則這就

不是意識形態的過程了。因此他想像出
虛假的或表面的動力。因為這是思維過
程，所以它的內容與形式都是從純粹的
思維中……不是從他自己的思維中，就
是從他前輩的思維中得出的。（SC 459）

　　馬克思不用真／假這種二分法來談論問
題，他的觀點是：意識形態不是邏輯上和經
驗上的虛假問題，而是確定真正的實在所用
的膚淺的、使人迷失方向的方法問題。任何
企圖表明馬克思把意識形態等同於假意識的
作法，主要都是以《德意志意識形態》來反
對馬克思的後期著作（McLellan 1994:26）。

　　馬克思的意識形態概念是他唯物史觀理
論中的一部分，他使用的二層樓譬喻給予經
濟因素優先的地位，因而容易陷入粗陋的化
約論中，以至於後來許多的馬克思主義者發
展出許多解釋來修正或補充他的學說，而這
部分正是下一節所要提及的。

二、西方馬克思主義

　　1889年恩格斯策劃第二國際，從《共產黨宣言》（*The Communist Manifesto*）中的理念出發推行共產主義運動，主張階級鬥爭、暴力革命，強調無產階級專政。後來第二國際內部雖然分裂，卻孕育了一批所謂「正統馬克思主義者」（the orthodox Marxist），將社會上的一切問題全部歸因於經濟因素（即經濟決定論），使馬克思的思想成為「機械的」或「教條的」馬克思主義。

　　但就在二次世界大戰後歐洲出現一股有別於正統馬克思主義的新興馬克思主義思潮，這股思潮並非一個完整的、一貫的學說或派別，並且演變出各種不同的流派，但是他們均不同意或批評蘇共及蘇共所控制的第三國際之官方馬克思主義[5]，並著重於研究

青年馬克思的著作與思想，後來都被通稱爲
「西方馬克思主義」。根據安德森（Perry
Anderson）的研究，西方馬克思主義產生的
主要原因可歸納爲（Anderson 1991:31-32 &
62）：

　　(1)由於國際共產主義運動的結果，形成
　　　　一個以蘇共爲主的「社會主義陣
　　　　營」。而後史達林施行中央極權、濫
　　　　殺無辜，使得東歐國家反抗鎮壓性的
　　　　史達林主義並衍生出其強烈的獨立自
　　　　主意願。
　　(2)由於《1844年巴黎手稿》的發現與研
　　　　究的結果。

　　此外，西歐、中歐幾個工業先進國家的
工人階級，雖曾利用歐戰動亂的機會組織工
廠議會、或推行蘇維埃，但奪權計畫多歸失
敗，導致無產階級革命的夭折，一連串的失
敗與悲觀主義成爲西方馬克思主義的催生劑
（洪鎌德 1995:16）。因此，在面對「爲何西方

的社會主義革命始終沒有發生？為何1920年
代的歐洲工人運動走向失敗？難道蘇聯十月
革命所建立的是真正的社會主義？」等問題
時，西方馬克思主義在生命哲學的新黑格爾
主義、西方文化危機思潮、佛洛依德主義及
存在主義的影響下，把人的主體性或自我意
識的能動性作為解決這些問題的唯一答案
（歐陽謙 1988:2）。

　　在西方馬克思主義者眼中[6]，馬克思主
義本質上是一種關於人類解放的學說，是把
人類主體性和人類的解放連繫在一起的「實
踐哲學」，而不是第二國際的理論家對歷史唯
物主義所做出的決定論或實證主義的解釋，
抹煞了人類的主體性。西方馬克思主義的奠
基者認為二十世紀1920年代西歐革命之所以
失敗，以及1930年代法西斯勢力之所以猖
獗，是由於廣大的勞動群眾在意識和意識形
態方面受到資本主義體制及思想文化的痲痺
與操縱的緣故，因此一反馬克思的訓誡，強
調意識、意識形態等上層建築的制約關係

（洪鎌德 1995:18）。或許可以這樣說，西方馬克思主義是用現代資產階級的理論學說來「充實」馬克思主義，同時試圖找出馬克思著作中潛在的東西來重新解釋馬克思主義。

在西方馬克思主義的理論發展過程中，以葛蘭西的文化霸權理論與阿圖舍的結構的馬克思主義對霍爾的理論進路提供了鉅大的啓示，雖然阿圖舍的學說極力強調馬克思主義的科學性、實證性與無主體的歷史觀，並且將科學與意識形態對立起來，不過這些卻提供了傳統文化批判理論一個新的面向與辯論活力，因此本章接下來將分別對葛蘭西與阿圖舍關於意識形態的理論做一個簡述。

（一）葛蘭西（Antonio Gramsci）

自從1926年11月被墨索里尼當權的法西斯政府逮捕入獄，此後葛蘭西（1891-1937）的餘生都在獄中度過，最後雖曾獲准出獄，但卻在醫院遽然去世。他的著作《獄中札記》（*Prison Notebooks*），寫於獄中嚴苛的檢查條

件下，並且無法取得相關書籍的參考資料，
因此《獄中札記》充滿了省略、暗示、混
亂、矛盾與重複（Anderson 1976:6）。儘管如
此，葛蘭西的著作對於抬高人的歷史地位與
揭示意識形態的決定作用仍有精闢的見解。
他使後人再次以新的方式閱讀馬克思，從馬
克思的思想遺產中出發，繼續思考在二十世
紀後五十年所面臨的現代世界的眞實（Hall
1991a: 8）。

　　葛蘭西從他「實踐哲學」（the philosophy
of praxis）[7] 的立場出發，要求把工人階級
運動所應用的分析工具─馬克思主義理論予
以發展，並對經濟主義在理論、實踐及政治
組織方面的後果予以批判（歐陽謙 1988:
73）。另外，在馬克思的〈路易‧波拿巴的霧
月十八〉（The Eighteen Brunaire of Louis
Bonaparte）和〈法蘭西階級鬥爭〉（The
Class Struggles in France）兩篇文章中出現了
關於文化霸權（cultural hegemony）的概念，
使後人能夠從經濟學中掌握住階級鬥爭在政

治層次上的「相對獨立性」的來源和機制
（Hall 1980a:219）。葛蘭西的意識形態理論就
是這種發展和批判相結合的產物。

1. 社會形構

　　在提及葛蘭西的意識形態概念前，有必
要先了解他思想中的霸權、市民社會、國家
等用語意義以及他對社會形構的分析。根據
葛蘭西的解釋，國家是統治階級不僅用來辯
護和維持其統治，而且是設法贏得被統治者
的積極同意之實踐與理論活動的整個複合
體，國家也保證一個社會集團對整個社會在
政治與文化上的霸權（洪鎌德，黃德怡 1994:
24）。雖然葛蘭西承認國家政治控制的存在，
但他並不認為西方資本主義的國家是單純的
強制機器。

　　由於葛蘭西認為除了經濟、文化和歷
史，人的意志也是很重要的，所以一個社會
的發展是繫於上下層建築之間所發生的「有
機性關係」（李超宗 1989:146）。此外他又將

上層建築細分為政治社會與市民社會，前者
包括鎮壓工具如軍隊、警察、行政機構、司
法單位等，後者既不是經濟物質生產過程的
一部分也不是國家資助的組織的一部分，亦
即一般所謂的民間組織如大眾傳播、宗教、
教育機構（Bocock 1994:43）。葛蘭西認為霸
權的指導屬於市民社會，而強制統治則屬於
政治社會（國家），這就是權力關係的「武力
和同意，統治和霸權，暴力和文明」形式之
雙重本質[8]。

　　葛蘭西透過辯證法來解釋，物質條件的
變化如何在人的意識中產生非物質的變化，
而這種變化又反過去不斷影響未來物質發展
的過程。因此上下層建築的關係便是人類意
識與物質條件的互動關係，兩者辯證的過程
正是社會主義革命的過程。放在西方資本主
義國家的脈絡來觀察，資產階級之所以能取
得統治權，乃在於透過文化傳播使群眾得到
適應的結果（洪鎌德，黃德怡 1994:14）。馬
克思主義下層建築制約上層建築的說法至此

被葛蘭西顛倒過來。

　　葛蘭西所謂的霸權是一種以知識爲前
提、宣教爲手段的文化霸權，至於文化霸權
的領導則是生產一種社會其他從屬的和結盟
的階級與團體都接受的世界觀、哲學及道德
看法（Bocock 1994:60）。任何政治霸權通常
都是經過文化與意識形態的不斷抗爭和妥協
而成功的。在這種情況下，若要進行下一階
段的政治改變，在策略上就必須建構出另一
個新的霸權，它是和原來的資產階級既有的
霸權相對立，乃至於對抗，然後讓這個新的
霸權起破壞作用，終而創造出新的歷史性集
團[9]（historical bloc）（洪鎌德，黃德怡
1994:14）。

2.意識形態理論

　　對葛蘭西而言，意識形態不只是一套有
系統的觀念，他認爲「在意識形態是歷史地
必然的範圍內，具有心理上的有效性；意識
形態可以組織人民群眾，並且創造出一個領

域供人們在其中活動、獲取關於他們自身立場及鬥爭的意識」（SPN 367）。意識形態不是個人的幻想，是具體於集體與社群的（communal）生活模式中。由此可知葛蘭西的意識形態理論包含了三個主要觀點（Simon 1991: 67）：

(1)意識形態的物質性。

(2)意識形態作為結合一個不同社會力量集團的接合劑。

(3)意識形態與個人的通識（common sense）之間的關係。

就意識形態的物質性而言，意識形態提供人們實踐指導與道德行為的規則，並且相當於「宗教在世俗意義上被理解為世界觀與相關行為規範的信仰的統一」（SPN 326）。另外，意識形態的實踐在知識份子的形成及道德與知識改革的任務方面擁有自己的行動體（agents），所以葛蘭西認為每一個基礎階級「創造出一或多個知識份子的社會階層，

這些知識份子賦予社會階層同質性以及對本身不只在經濟上而且還有政治與社會領域的功能的認識」（SPN 5）。所以工人階級也必須要創造屬於自己的「有機的知識分子」[10]（organic intellectuals），為自己的階級創造有利的條件，從附屬的階級擴展為一個具有領導能力的階級，才能取得霸權（徐崇溫1994:223）。

除此之外，個人的社會實踐與在這些社會實踐所發生的機構或組織中也可發現意識形態物質性的存在，不僅形成市民社會的組織具有意識形態的效果，就是在國家機器中也一樣，舉例來說，法律不只具有壓制的效果，法律與合法體系的意識形態效果也會發生影響力[11]（Simon 1991:61）。

葛蘭西認為意識形態不是由它的真或假來判定，而是由它連繫不同社會成份的集團與作為社會統一的接合劑或行動體的功效來看。所謂霸權或稱霸的階級就是以自己的利益成功地結合其他階級、團體與運動的利

益，以便於創造一個全國流行的、普遍受支
持的集體意志。集體意志只能由智識與道德
改革的過程打造出來，這種改革將會創造出
一種普遍的世界觀；然而其所產生的新世界
觀已不是純粹資本主義的，也不是純粹社會
主義的。葛蘭西將建立新的意識形態體系視
爲一個現存意識形態綜合體的批判過程：

> 這種批判使得在相對重要性中辨別與改
> 變的過程變得可能，這些重要性是舊意
> 識形態以往曾擁有的成份，先前曾經是
> 次要的與從屬的，或甚至是偶發的，現
> 在被視為是重要的──變成一種新意識
> 形態的與理論複合體的核心。自從附屬
> 的意識形態社會地發展後，老舊的集體
> 意識即分解於自身的矛盾成份中。
> （SPN 195）

　　因此意識形態鬥爭的本質是一種轉變的
過程，在這個過程中某些成份被重新安排，
並且以新的核心或中心原則之不同方式來組

合。知識與道德改革的任務面臨工人階級
時，須以表達工人階級基本利益的社會主義
價值觀來結合有些並不具有階級性質的意識
形態成份（Simon 1991:63）。

　　之前提及的意識形態都是以生活或行動
的社區模式方面的集體意義來說，在有機的
意識形態 [12] 與個人之間，葛蘭西將個人受到
意識形態影響的現象稱爲「通識」，人們用這
種不經批判而且大量的潛意識方式來理解他
所處的世界：

　　　每一個社會階層都有它的「通識」與
　　「高見」（good sense），基本上它們是對
　　生命與人最廣爲流傳的看法。每次哲學
　　潮流都會遺留下「通識」的沈澱——這
　　是它的歷史效應的檔案文件。通識並非
　　僵硬的、不變的東西，它經常以已經融
　　入日常生活的哲學意見與科學觀念來轉
　　換、補充自身……。通識創造了未來的
　　民間傳說，也就是在特定的時空中成爲

一種較為僵化的人民知識。（SPN 326）

葛蘭西說：「每個人都是哲學家。」即是每個人都是以自己的方式和在潛意識的狀態下成為一個哲學家，因為在知識活動中最微不足道的表現（語言），也蘊含了某種特定的世界觀（SPN 323）。個人有實際的行動，但卻對他自己的行動缺乏一套清楚的理論意識，他所意識到的世界觀、宗教或意識形態均有可能與他的政治行為相左，由此可說人具有兩種理論意識，「一種隱含在人的活動中，並且把他與他實際從事改變現實世界的同志結合起來；另外一種，是人們從過去所繼承而來相當淺白或口頭上的東西，並且毫不批判地加以吸收」（SPN 333）。由是，工人階級透過通識的作用將他們的經驗組織起來，試圖在資本主義下過自己的生活。

葛蘭西強調的「同意」（consent）是由資產階級的霸權所保障，而不是來自於消極的服從，換句話說，同意是在一個複雜的過程

中由不均等的力量協商出來的，這個複雜的
過程創造並重新創造工人階級的附屬地位和
反抗（Simon 1991:65）。由知識份子所傳播
的「通識」是建構主流意識形態的地點，但
也是反抗與挑戰主流意識形態的所在地。

　　在葛蘭西看來，正統的馬克思主義者對
於操控意識形態的重要性認識不足。實際
上，與鎮壓手段結合的意識形態操控是資產
階級制度的支柱，它往往具有滲透於生活各
方面的微妙形式。意識形態和文化霸權的概
念使人注意到延續資本主義社會所必須的各
種不同的世界觀和組織原則，透過教育制
度、傳播媒介、文化、宗教、家庭和日常生
活而發生作用，而不只限於在國家和生產範
圍內產生作用（徐崇溫 1994:221）。因此若欲
有效奪得國家政權，無產階級必須先在市民
社會的各個領域內——如社會、權力關係、
文化和教育方面，進行破壞資產階級意識形
態上的霸權之鬥爭。

(二)阿圖舍（Louis Althusser）

　　在國際共產主義運動的理論與思想發生
重大轉折的時代背景下 [13]，以及在法國工人
運動的馬克思主義理論缺乏的意識形態環境
中，阿圖舍以馬克思思想在「認識論上的斷
裂」[14] 爲出發點，從《保衛馬克思》（*For
Marx*）開始的一系列著述中發表「兩種介入」
的理論觀點。第一種介入的目的在於劃清馬
克思與黑格爾之間的界限，區分唯心主義辯
證法和唯物主義辯證法；第二種介入的目的
在於，區別馬克思早期著作的意識形態「理
論架構」和《資本論》的科學的「理論架構」
（彭饗 1993:14）。阿圖舍雖然自稱不是個結構
主義者，但他從結構觀點詮釋馬克思主義的
作法卻也引起許多爭議。

　　儘管如此，阿圖舍的學說在1970年代對
文化理論造成巨大的影響，當時許多著名的
期刊如《銀幕》（*Screen*）、《新左派評論》
（*New Left Review*）及當代文化研究中心期刊

（*Working Papers in Cultural Studies*）全都刊載與阿圖舍有關的文章，這其中包括了阿圖舍所發表的論文，以及批評及贊同阿圖舍理論的文章。由此可知，阿圖舍在理論界所造成的影響，可從討論熱烈的盛況看出（Storey 1993:110）。就如霍爾所說，阿圖舍理論的介入與其理論的接續發展，對文化研究領域之形成具有重大影響（Hall 1978: 21）。對文化研究或者霍爾而言，阿圖舍最顯著的貢獻在於他對意識形態概念的理論化所進行的不同的嘗試，因此本節將針對阿圖舍這方面的研究進行討論。

1. 社會形構

阿圖舍認爲馬克思的著作中[15]，國家權力與國家機器（state apparatus）是馬克思國家理論的重心，他並據此歸納出四點看法：a.國家是壓制性國家機器；b.國家權力與國家機器必須區分開來；c.階級鬥爭的目標與國家權力有關，因此使用國家機器的階級（或

階級聯盟）掌握了國家權力以為他們的階級
目標；d.無產階級必須奪取國家權力以摧毀
現存的資產階級國家機器，在第一個階段中
取代它成為一個相當不同的、無產階級的國
家機器，然後在下一個階段中發動摧毀國家
（國家權力的終結）的激進程序（Althusser
1984:15）。阿圖舍根據以上論點加上自己的
補充，在壓制性國家機器（repressive state
apparatus, RSA）之外，加上意識形態國家機
器（ideological state apparatuses, ISAs）的概
念。前者包括政府、行政機構、軍隊、警
察、法庭、監獄等，後者則指宗教、學校、
家庭、司法系統、政治、貿易同盟、大眾傳
播、文化藝術等（Althusser 1984:16-17）。兩
者間最大的不同處在於壓制性國家機器藉由
暴力來運作，而意識形態國家機器由意識形
態來運作。

　　阿圖舍與葛蘭西一樣不同意古典馬克思
主義將國家視為高壓統治的工具的說法，嘗
試賦予上層建築的政治與意識形態更為獨立

的角色，他說：「若階級不同時在國家的意識形態機器之上或之內運作它的霸權，就沒有階級能夠長期掌握國家權力。」（Althusser 1984:20）

　　阿圖舍的意識形態理論奠基於馬克思的社會理論之上，他根據馬克思上層建築／基礎的譬喻，認為社會是由經濟、政治與意識形態這三個重要層次所組合而成的有機整體（organic totality），意識形態層次所表現的是客觀的實在（reality），對社會形構的存在是不可或缺的（Althusser 1990:23）。阿圖舍不認為意識形態僅僅是經濟基礎的反映，相反的，他認為經濟、政治和意識形態各有特定的效用。上層建築對基礎而言具有相對自主性（relative autonomy），另外，上層建築與基礎之間也會產生互動（Althusser 1984:9）。

　　即使社會每個層面都享有程度上的相對自主性，阿圖舍並不主張上層結構具有絕對的影響力，他認為經濟結構依然是決定哪一個層面佔主導地位、及發揮影響力的程度的

因素，亦即「經濟結構具有最終情況的決定權」（Althusser & Balibar 1977:177）。阿圖舍並從佛洛依德的精神分析學借用「多重決定」（或譯為泛層決定）（overdetermination）[16] 的概念，重新建構上層建築與基礎的關係，說明上層建築並非僅只是基礎的反映，上層建築與基礎都是決定和被決定的因素。

　　對阿圖舍而言，法律、政治與意識形態的上層結構都是用來護衛生產關係的再製（the reproduction of the relations of production）[17]，而且「意識形態是表述（形象、神話、觀念或概念）的體系（具有自身的邏輯與精密），在特定社會中扮演歷史的存在與角色」（Althusser 1969:231），以供增強或再製現存的社會關係（Simth 1984:130）。換句話說，壓制性國家機器與意識形態的國家機器都是用來維繫現有經濟、政治秩序，即使意識形態的國家機器具有相對自主性，但它還是扮演再製生產關係的角色（Althusser 1984:24）。

2.意識形態理論

　　首先，阿圖舍從結構面與功能面對意識
形態下了定義：「意識形態是個體對於其生
存的眞實條件（real conditions of existence）
之想像關係的一種再現。」（Althusser 1984:
36）這個定義與以往的意識形態相較，有三
項重要突破（張錦華 1994:108-109）：

(1)意識形態是存在於「再現」[18] 表徵
　　體系之中，而非個人觀念或意識中。
(2)意識形態爲個體在進行社會生活實踐
　　時，提供了一套「想像」的關係。
(3)意識形態透過表徵的想像系統建構個
　　體。

　　從批判的觀點來看，意識形態就像是人
種學者所檢視的原始社會的神話，充滿了大
量的想像，與眞實並不相符，不論是宗教
的、倫理的、法律的、或是政治的意識形態
都是想像的，是源自於對眞實的想像，須經
過「解釋」以發掘隱藏在它們想像的表述

（imaginary representation）背後世界的眞實。
所以意識形態＝幻覺（illusion）／隱喻
（allusion）（Althusser 1984:36）。

　　只要我們解釋意識形態的想像調換
（transposition），就可以達成在意識形態中
「人類以一種想像的形式再現出自己生存的眞
實條件」的結論（Althusser 1984:37）。所以
意識形態並非個體生存關係的眞實表現，而
是個體與他們生存環境之間想像的扭曲關係
（Althusser 1984:38）。簡言之，意識形態是一
種想像的關係。

　　雖然阿圖舍說意識形態是一種扭曲的、
想像的關係，但與葛蘭西相同的是，阿圖舍
反對任何一種虛假意識或錯誤意識的意識形
態概念。一部分原因在於他在意的不是意識
形態的眞假，而在於意識形態所發揮的功
能。更重要的是，他並不把意識形態看成是
人們心靈的產物，而認爲意識形態本身具有
一種準物質的存在（quasi-material existence）
（McLellan 1994:45）。

所以阿圖舍更提出意識形態具有物質性
（materiality）的重要定義。阿圖舍認為每一
個意識形態的國家機器與其實踐，都是一種
意識形態的現實化體現。這種意識形態隸屬
於統治的意識形態之下，並由統治的意識形
態確保它的一致性（如宗教、法律、倫理、
政治與美學方面意識形態的一致性）。對於生
活在意識形態中的個體而言，是生活在一種
限定的（如宗教、倫理的）再現中，這種再
現的想像扭曲，是由個體對其生存情境的想
像關係而定。換句話說，在最終的情況下由
生產關係與階級關係而決定的。因此「意識
形態總是存在於國家機器、在它的實踐或者
各種實踐之中，這種存在是物質的」
（Althusser 1984:40-41）。

而意識形態的物質性存在，除了透過個
人的外在行動表現出來之外，更重要的是經
由儀式所鐫刻的實踐活動呈現出來，而這些
活動都是在意識形態的國家機器掌控中。換
句話說，上教堂做彌撒、參加葬禮、政黨會

議等都是意識形態的產物（Althusser 1984:
40）。阿圖舍進一步說明了這個特性：

> 個人所信仰的觀念具有物質性的存在，
> 因為個人意念和具體行為均受到物質儀
> 式及實踐活動所左右，而這些外在的具
> 體儀式又是由物質的意識形態機器所定
> 義，從而衍生出主體個別的意念。
> （Althusser 1984:43）

法國哲學家巴斯卡（Blaise Pascal）曾
說：「屈膝跪下，口中默禱，就會產生信
仰。」阿圖舍認為巴斯卡所言最能說明意識
形態寓於實踐活動，實踐活動也寓於意識形
態的道理。此外他還提出「不經由意識形態
或處在於意識形態中，就沒有實踐；不經由
主體行動或以主體為標的，就沒有意識形態」
的看法來支持他的論點（Althusser 1984:
44）。

談到主體[19]，就須先從阿圖舍以結構主
義方式解釋意識形態理論建構主體的功能談

起：「所有的意識形態藉由對主體範疇
（category）的運作方式，對具體的個人進行
招呼（hail）或詢問（interpellate）以建構成
爲具體的主體」（Althusser 1984:47）。阿圖舍
認爲主體透過不同角色和行動的分類而建
構，所有主體的產生與活動，就是社會結構
中所有社會位置的佔據與作用。

　　「當你聽見有人在叫你時，你會很自然的
回頭，確信知道那人在叫的是你，這種情形
與意識形態的存在，以及招呼、詢問個人成
爲主體的過程是一樣的」（Althusser 1984:
49）。阿圖舍所說的，個人如何轉變爲主體的
過程，與索緒爾（Ferdinand de Saussure）把
聽的到的聲音轉變爲被標示的符號的過程是
相似的。索緒爾認爲語言的符號是由標示者
（signifier，能指）的聲音和被標示的事物
（signified，所指）之理念兩部分構成的，這
與阿圖舍認爲主體是由具體的個人與其社會
地位兩部分構成的相同（Bergesen 1993:7；
洪鎌德 1996:53）。

　　除此之外，阿圖舍認為在個人出生之前，他就已經是個主體了（always-already subject）。舉例來說，在家庭的意識形態下，尚未出生的孩子將會在家人的期待中出生，出生後將繼承父親的姓氏並擁有一個社會身分（Althusser 1984:50），這樣的情形延伸到生活各個層面去就成為阿圖舍所說：「人在本質上是意識形態的動物。」

　　在阿圖舍心中，意識形態是一種文化的結構，早於具體的個人而存在，個人必須藉意識形態來進行社會的實踐活動，人們一但轉化為主體，那麼他所思、所言、所行無一不從社會的大我出發，也是從社會主體性質出發。在這種情形下，人們彼此的招呼、寒暄、詢問，無異加強個人更深刻地認同他被指定的社會角色（洪鎌德 1996:53-55）。因此阿圖舍說，在個體被詢問成為（自由的）主體後，他將會自動的臣服於意識形態的制約下，自動的接納自己的角色地位，並且自動的表現出符合角色的行為舉止（Althusser

1984:56）。

三、沒有保證的馬克思主義

　　西方馬克思主義的興起，強調意識形態
問題的形成方式、辯論是以何種方式進行、
以及化爲抽象思考而進入純粹思辨的領域已
經到了何種程度，均證明了意識形態問題的
重要性。因此霍爾認爲不能將意識形態的問
題擺在附屬的、次級的位置，意識形態問題
的浮現，擁有更爲客觀的基礎。首先，眞正
的發展是發生在大衆意識的興起與轉變之方
式上，即「文化工業」（cultural industries）
的快速成長；再者，工人階級大衆對歐洲先
進資本主義社會體系的「同意」，以及這些社
會部分的穩定，對抗了所有革命的可能性。
這些現象反映出古典馬克思主義實際上關於
意識形態的理論弱點，並且凸顯出先進資本

主義社會中，最具批判性的政治策略與社會
運動的政治等議題（Hall 1996a:26）。

　　霍爾所指的意識形態是不同的階級與社
會團體用來理解、定義、釐清社會運作方式
的心理架構，其中包括語言、概念、範疇、
思考意向、表述體系（Hall 1996a:26）。霍爾
認爲意識形態問題牽涉不同觀念對大衆心理
掌控的方式，所以意識形態是一種物質的力
量。

　　從政治的角度來看，意識形態理論幫助
我們分析一組特定的概念，是如何宰制一個
歷史集團的社會思想，並從內部將此集團團
結起來，以保持其宰制性及對社會的領導地
位。特別是那些用來鞏固某一權力形式及掌
握實際思想的概念和語言，與意識形態有很
大的關係，這些概念與語言使大部分的人淪
爲社會中的次要地位。另外，還牽涉到新的
意識形式、新的世界觀興起的過程，它促使
大部分人採取歷史性的行動來抵抗流行的體
系。這些都是屬於社會鬥爭範圍內的重要問

題，所以為了要更了解並掌握意識形態鬥爭
的領域，霍爾認為需要一個恰當的理論而非
僅只是一個理論，才能夠應付我們試圖解釋
事物的複雜程度，但是在馬克思與恩格斯的
作品中找不出這樣一個體系完整的理論
（Hall 1996a:27）。

　　與馬克思在經濟形式與資本主義模式的
生產關係的歷史理論性著作相較，馬克思對
社會觀念（ideas）如何運作並無普遍的解
釋，也未曾在這個領域做出接近定律（law-
like）地位的評論，所以霍爾認為想將馬克思
的陳述當作是發展完整的理論，或許就是馬
克思主義意識形態問題的開始。因為事實上
馬克思在論及這個主題時都是經過特別安排
的，以至於他在使用「意識形態」時出現了
很大的差距（Hall 1996:27），如本章第一節
所述。在霍爾看來，馬克思的意識形態論點
奠基於階級形式的理論基礎上（Hall 1996a:
29）：

(1)唯物主義的前提：觀念起源於物質條件與環境並且加以反映出來，觀念將社會關係與其矛盾表現於思想中。在資產階級意識形態中，被批評為純粹思辨式或幻覺式的概念，即是認為思想自有其動力，自外于物質關係並能夠產生獨立的效果與影響。

(2)決定的論點：在社會形構中，觀念僅是最終決定層次（經濟的最終情況）的依賴效果，所以在經濟中的轉變，遲早會促使觀念顯現出相對應的修正來。

(3)主流社會經濟領域與意識形態間固定的對應關係：「統治觀念」是「統治階級」的觀念，後者的階級位置提供了與前者的連結和對應關係的保證。

　　馬克思的意識形態原型之所以招致批評，是因為它並未將社會形構建立為一個由各種不同的實踐所組成的決定性複雜形構的

概念，卻認為它是一個簡單的結構（Hall 1996a:29）。這也是阿圖舍所說的，一種實踐（經濟）以直接的方式決定了其它所有的實踐，並且每一個影響都直接同時地表現在其他各層面上（Althusser 1969）。

西方馬克思主義的出現軟化及取代了隱含於馬克思原始陳述中的經濟主義與化約主義趨向，尤其阿圖舍的理論介入更為經濟與階級化約主義的爭論以及「表達的整體」（expressive totality）取向爭議帶來最高點。霍爾認為阿圖舍的修正路線放棄了在意識形態上追究「扭曲觀念」與「虛假意識」的作法，為趨近語言學的或論述的意識形態概念開啓了一道門。

阿圖舍強調意識形態在社會生產關係之再生產上所具有的功能，以及對基礎／上層建築譬喻的隱喻性效用的堅持，是他對古典馬克思領域所作的整編嘗試。雖然如此，霍爾仍認為阿圖舍的第一個修改太過於功能主義了，如果意識形態的功能是根據整個體系

的「需求」去再生產資本主義的社會關係，
要如何說明顛覆的觀念或意識形態的鬥爭？
再者，阿圖舍的第二個修改過於「正統」，實
際上是他已經將基礎／上層建築譬喻完全取
代掉了，因爲他所開啓的門精確地提供了一
些新的觀點，使許多人徹底放棄了古典馬克
思意識形態理論的問題意識，他們所拋棄的
不僅是馬克思在《德意志意識形態》中連結
統治階級與統治觀念的特定方式，而且也拋
棄對於意識形態的階級結構以及其在產生與
維持霸權時所扮演角色的執著（Hall 1996a:
30）。

　　論述與心理分析理論原先構想是用來當
作修正理論及發展的支持理論，後來卻成爲
取代較早典範的新範疇。因此，在馬克思主
義理論中客觀立場的努力上，仍留有許多空
缺與縫隙，圍繞在意識的形態（modalities of
consciousness）與意識形態的主體化（the
subjectification of ideologies）的議題上。這
些正是阿圖舍借用佛洛依德的「詢問」

（interpellation） 與拉岡的「定位」
（positioning） 等概念所要處理的問題。但是
那些空缺與縫隙卻反而成為研究的對象。意
識形態的唯一問題只剩下，透過心理分析的
過程探求意識形態的主體如何形成的問題，
各理論之間的緊張關係得以解除。這是修正
主義者對意識形態漫長的修正過程，最後在
傅柯的身上意識形態的問題完全被拋棄
（Hall 1996a:31）。

　　對霍爾而言，意識形態所指稱的是所
有組織的社會思想形式，這允許意識形態可
能扭曲的性質與程度具有開放性。同時，意
識形態指的是實際思想與推理的範圍（是大
多數可能掌握大眾心理與吸引他們付諸行動
的形式），而不是精心推敲與內容連貫的思想
體系。更真確地說，意識形態是可供人們理
解社會之實踐與理論的知識，並且透過這些
知識的分類與論述，使我們得以體現或經驗
我們在社會關係中的客體定位（Hall 1996a:
27）。

　　由於近來對意識形態的批評與諸多理論
的提出或分析已不再限於「眞」與「假」之
間的區別，因此意識形態也不再被視爲統治
階級與統治觀念的連結。就如拉克勞（Ernest
Laclau）並不主張特定的觀念與概念專屬於
某一特定階級，他指出爲何特定觀念被永久
的僵固於某一特定階級的概念，與我們現今
對語言與論述的本質之瞭解正好相反。這種
認爲意識形態元素「沒有必然的階級屬性」
與意識形態鬥爭將意義構連、解構連的可能
性之理論，主要是葛蘭西作品中的洞見，但
卻在一些理論家像拉克勞的作品[20]中進一步
發展出來（Hall 1982:80）。語言以它最寬廣
的意義而言，是實際推理、計算（calculation）
與意識的溝通工具（vehicle），因爲特定的意
義與指涉可藉由這些方法在歷史的過程中維
持下來（Hall 1996a:40）。

　　語言具有多重意義的本質，即同一組指
稱者能夠對意義作出不同強調，就如伏洛西
諾夫（V. N. Volosinov）認爲語言這個思想與

意識形態計算的中介（medium）是多重音調的（multi-accents），意識形態總是各種音調交錯與不同社會利益互相交錯的領域：

> 因而各種不同的階級將會使用一種與相同的語言。由於不同面向的音調交錯在每一個意識形態符號（sign）中。符號變成階級鬥爭的競技場……一個符號若是從社會鬥爭的壓力中撤回——換句話說，跨出了整個階級鬥爭——不可避免地就會喪失力量，淪為諷喻，變成哲學理解的對象，而不是生動的社會可以理解的東西。（Volosinov 1973:23）

霍爾認為這種理論取向以鬥爭的意識形態領域概念與意識形態轉變的任務，取代了固定意識形態意義與隸屬階級（class-ascribed）的意識形態概念。從意識形態的一般性抽象理論，轉向更為具體的分析是一個普遍的轉變方向，這種對於觀念如何在特定歷史情境下組織人群與創造人類活動、獲取

他們位置、鬥爭等意識的領域之具體分析，
使得葛蘭西的作品在馬克思主義意識形態領
域的思想發展，出現了初期重要的輪廓
（Hall 1996a:41）。

　　對霍爾而言，語言與意識形態並不相
等，它們之所被構連在一起，常常是因為可
以成為權力與反抗的場所之故。舉例來說，
被認為用來專指資產階級政治再現形式之論
述的「民主」概念，並沒有完全固定的意
義。「民主」在「自由西方」的論述中並不
帶有當我們論及「人民民主」鬥爭或深化政
治生活中的民主內涵時的意義。霍爾認為
「民主」一詞不能被右派的論述所專用；相反
地，應該在這個概念周圍發展一種戰略的爭
論。概念的援用必須透過一系列辯論、透過
意識形態鬥爭的特定形式之指導來爭論：將
概念的某一意義自公共意識的領域中分開，
並以另一個政治論述的邏輯取代之。葛蘭西
所堅持的意識形態鬥爭並不是由另一個完整
形式的觀念體系來取代全部的、完整的思想

之階級方式的主張，這正是葛蘭西所謂意識
形態鬥爭的「陣地戰」的概念。而這也說明
了「民主」的不同概念在一條聯合觀念的鏈
子中構連起來（Hall 1996a:41-42）。

　　此外，霍爾認為除非意識形態能夠和政
治與社會力量的領域以及在危急關頭時不同
力量間的鬥爭構連起來，否則意識形態的概
念不會具有物質的效果。意識形態一般是以
支配與領導為目的（簡言之，爭取霸權）之
社會鬥爭的一部分，但是葛蘭西所謂的霸權
是需要它本身已完備的「哲學」，而不是只有
一整個階級對權力的擴張，但具有多種社會
力量的歷史集團藉由這個過程而建立，並且
藉此保護這個集團的優勢。所以霍爾認為最
好以「霸權支配」的過程，來形成「統治觀
念」與「統治階級」之間關係的概念（Hall
1996a:43-44）。

　　事實上，霍爾認為單從階級立場是不可
能讀出社會團體或個人的意識形態立場的。
反之，必須考慮意義鬥爭是如何進行的，這

意味著意識形態不再只是由別處發生的或決定的鬥爭之反映（例如經濟鬥爭的層次）。意義的鬥爭賦予意識形態相對的獨立性，或者說是「相對自主性」。意識形態不再是社會鬥爭的他變項（dependent variable）。相反的，意識形態鬥爭有其特殊性與適切性—必須以它本身的字彙以及個別鬥爭的結果所造成的影響來分析。把觀念看成是完全被其他決定性因素（如階級立場）所宰制的古典概念在此被削弱，終而被捨棄了（Hall 1982:82）。

　　另一方面，對於統治階級與支配觀念之間的關係應該捨去的主張，霍爾認為這就像是倒洗澡水時把嬰兒也一起扔了一樣。那些主張認為既然「觀念」並沒有被給予必然的「階級屬性」（class belongingness），所以意識形態在社會上生成的過程與以特別的階級配置或其他社會勢力為基礎而產生的支配聯盟或權力集團，這兩者之間沒有任何的關聯。但顯然地，這類將意識形態由必然性的邏輯中解放出來的理論不需要與原先的概念離得

這麼遠。一個較令人滿意的取向是採取「沒有必然的階級屬性」的觀點（Hall 1982:84）。統治階級並不能倚賴著與統治觀念的連結來保證其優勢。更確切地說，將特定時期具有霸權力量的歷史集團與主流觀念做有效的連結，才是意識形態抗爭的過程所要鞏固的（Hall 1996a:44）。

　　其次，把統治階級／統治觀念這個命題捨棄掉，可能會有喪失「支配性」（dominance）這個概念的危險（Hall 1982:84）。霍爾認為思考支配的方式需要做一個重大的修正：過去把支配看成是藉著公然的勢力或意識形態的強迫，而將一個架構直接加諸於被支配階級的看法，並不符合眞實世界中實際的複雜性。實際上支配是同時在意識與潛意識的層面上達成的，霍爾把支配當成是參與其中關係的特性，而不是個人公然的或有意見的偏見；並且承認這是藉著語言與論述的作用，運作規範與排斥的活動（Hall 1982:85）。葛蘭西的「霸權」概念帶給霍爾

部分形構的支配性並不是藉由意識形態的強制，而是靠文化領導權來達成的啓示。

阿圖舍認爲馬克思主義是科學的，但是霍爾卻有不同的看法。對於馬克思主義本身做爲一種理論而言，相對開放性或相對不確定性是必然的。關於馬克思的政治理論是「科學的」說法，是企圖了解：政治行爲操作的領域受到相當的限制。這個領域由現存社會力量的平衡、具體接合的特殊本質所界定，而非以自然科學的必然性來預測。因爲馬克思主義了解自己是有限的，以及它企圖發展一種靠理論來鼓吹的實踐，因此才說它是科學的。但是從馬克思主義在政治上演變的結果與政治鬥爭行爲的結果，卻受到經濟命運所操縱與決定來看，它又是不科學的（Hall 1996a:45）。

「沒有最終保證的馬克思主義」之唯一基礎，在於了解「決定」來自於設定限制、建立特質、定義運作的空間、定義具體的存在條件以及社會實踐的因素（givenness）等，

而不是在於能夠絕對預測出某一特定的結
果。這種基礎確立了馬克思主義理論化開闊
的展望——沒有保證封閉結果的決定論。那
種完全封閉、完全可預測的思想體系之典
範，是宗教、星象學，而不是科學（Hall
1996a: 45）。

　　霍爾認為從這個角度以「經濟在最初情
況下決定」（determination by the economic in
the first instance）的觀點，來思考馬克思主
義理論的唯物主義是比較可取的，因為馬克
思主義正確地堅持沒有社會實踐或關係可以
不受它們所處環境中的具體關係所決定。然
而，「在最終情況下決定」或是「最後的分
析」強調經濟的重要性，長期以來已成為教
條馬克思主義者的失落夢想，或是理論必然
性（certainty）的幻境。而這些也已經付出了
相當可觀的代價，因為這種必然性引發出正
統、僵化的儀式、重唱真理的老調，以及其
他了無新意的理論特質（Hall 1996a:45）。

　　這種理論的必然性呈現出理論化過程的

終結，也阻絕了新概念與新解釋的發展與改良，而一個鮮活的思想所具有的唯一特徵，便是能夠不斷發展新觀念、改良舊詮釋，並且能夠從事與掌握新歷史實在的一些真相（Hall 1996a:45）。因此霍爾所說的「沒有保證的馬克思主義」，即是希望透過具體的、局部的鬥爭與論戰保持馬克思主義的理論活力與開放性，並且可據以在不同的社會實踐中與社會觀點構連在一起而產生特定的結果。

註釋

〔1〕文化研究將意識形態視爲鬥爭的場域，而政經學派則視意識形態的功能是工具性的——作爲虛僞呈現真實並且掩蓋任何政治鬥爭的工具。

〔2〕在《德意志意識形態》中馬克思首次對唯物史觀做有系統的陳述，並對觀念論（唯心主義）進行較完整的批評。在此書之前，馬克思深受黑格爾影響而沈浸於哲學玄思，此書之後，馬克思則揚棄哲學而擁護科學，以政治經濟學來理解社會與歷史。因此《德意志意識形態》被阿圖舍當成是馬克思認識論上斷裂的開始。參見洪鎌德，1997b:330。

〔3〕馬克思對社會意識的形式沒有進一步的說明，它

有異於意識形態之處，在於意識形態是公然型態
（public formation），而社會意識的形成則爲潛藏
在這種公然型態背後預先假定的原則，但社會意
識的形式卻有左右意識形態的可能。舉一個淺
例：「哥倫布發現新大陸」，這是西方人，特別是
歐洲人的普遍看法，這就形成了西洋的意識形
態。換句話說，造成西方人這種意識形態的出
現，乃是因爲歐洲中心主義盛行的緣故。這個歐
洲中心主義便是歐洲的（西洋的）社會意識的形
式。參考McMurtry, 1978:145-147。

〔4〕相當於今日所稱之理論的意識形態，或葛蘭西所
稱之通識。參考Hall 1996:28。

〔5〕即當時自居爲正統馬克思主義、注重馬克思原著
解釋的蘇聯馬列主義、史達林主義。

〔6〕如1920年代盧卡奇的《歷史和階級意識》、葛蘭西
的文化霸權論、寇士的《馬克思主義與哲學》和
布洛赫的《希望的原則》；1930年代初至1940年
代末，以賴希的性慾經濟學、弗洛姆的《逃避自
由》和法蘭克福學派的社會批判理論等。

〔7〕對葛蘭西而言，實踐哲學一方面是他在獄中指稱
馬克思主義的委婉說法，另一方面是葛蘭西用來
定義馬克思主義的核心特徵，希望把馬克思主義
理解爲跟社會理論和政治實踐結合起來的政治哲
學，在理論與實踐、思想與行動之間有不可分割
的連結；換句話說，就是指經過葛蘭西所解釋過
的馬克思主義。

〔8〕葛蘭西這種「雙重觀點」（dual perspective）的概
念，源自於馬基維利（Niccolo Machiavelli）的
「千面怪獸」（Centaur）概念，葛蘭西指出「即獸

性與人性的兩個基本階段——歸結爲強制與同意、
權力與霸權、暴力與文明、個人與全體、鼓動與
宣傳、策略與戰略的階段」。參見洪鎌德，黃德
怡，1994: 7。

〔9〕歷史性集團和霸權概念的關係密不可分，因爲歷
史性集團代表某一社會秩序同意的基礎，統治階
級的霸權在該秩序中，藉著一連串制度、社會關
係與理念的網路而建立起來。因此，可以說所有
的霸權都是從歷史集團來的，但並非所有的歷史
集團都能產生霸權。參見洪鎌德，黃德怡，1994:
15。

〔10〕葛蘭西認爲知識分子具有創造意識形態的作用，
並將之區分爲有機的知識分子和傳統的知識分
子；前者明確的闡述他們的階級在政治、社會和
經濟領域中的集體意識或意識形態，至於後者則
錯認了自己是自主的社會階級而具有獨立性，因
而製造出一種具有唯心主義的傾向的意識形態。
參見McLellan, 1994:42-43；洪鎌德，黃德怡，
1994:20；徐崇溫，1994:223。

〔11〕葛蘭西認爲法律是一種懲罰工具——進行消極的
鎮壓，也是一種教育的工具——同化統治集團、
謀求社會統一，目的都是爲了維護統治階級的領
導權。參見洪鎌德，黃德怡，1994:23；徐崇
溫，1994:222-223。

〔12〕爲了清除對意識形態的否定看法或對意識形態理
論分析的偏離，葛蘭西劃分了「有機的意識形態」
與「任意的意識形態」(arbitrary ideology)。前
者爲一定的社會經濟結構和政治結構所必需，是
世界觀和相應的行爲準則之統一體，可灌輸思想

及左右人們的行為傾向；後者則是個人的思辨。
參見歐陽謙，1988: 75-76。

〔13〕1956年蘇共二十次代表大會對史達林主義展開
「教條主義」的批判，使得共產黨知識分子重新
發現「自由」、「人」、「異化」等哲學論題，並
且對馬克思的著作進行「人道主義」的解釋，在
人道主義的指引下從事「共產主義建設」。參見
彭賢，1993: 10-11。

〔14〕阿圖舍認為馬克思所創立的是「歷史科學」，是
客觀不變的規律領域，而非人道主義這種不科學
的意識形態。

〔15〕阿圖舍認為馬克思自《霧月十八》與《法蘭西階
級鬥爭》開始，對國家有較為清楚的陳述。

〔16〕在精神分析學中，「多重決定」是指由許多原因
同時作用所造成的症狀。參見徐崇溫，1994:
630。

〔17〕阿圖舍認為生產關係是首次由生產與流通過程的
物質性所再製，但意識形態的關係會立即呈現在
這些同樣的過程中。參見Althusser, 1984:22.

〔18〕阿圖舍所謂的再現是指製造有意義的活動實踐而
言，參見張錦華，1994:109。

〔19〕阿圖舍認為「主體」才是他為文討論意識形態的
中心論題。Althusser, 1984:44。

〔20〕霍爾指的是拉克勞於1977年所出版之《馬克思主
義理論中的政治與意識形態》（*Politics and
Ideology in Marxist Theory*）一書。

第四章
霍爾的媒體研究

　　第二次世界大戰後，美國深受孔德
（Auguste Comte, 1798-1857）實證哲學
（positive philosophy）的影響，成爲實證主義
哲學及實證主義社會學[1]的重鎮，在美國社
會科學界流行的「行爲科學」的方法或方法
論，就是有意識地在此一框架或典範的指導
下作細部雕琢的工作（黃瑞祺 1996:10）。因
此自從大眾傳播研究於1920年代在美國發源
以來，也深受孔德實證哲學的影響，認爲知
識的唯一來源是經驗性資料，只能以理性的
方法加以觀察、測量。在這種思維的運作
下，傳播研究也利用自然科學的研究方法，
將人類傳播行爲轉化爲可測量觀察的單位，
以規格化、標準化的工具蒐集並分析被研究
及觀察單位所呈現的實證資料，最後再探討
資料間的相關性以進行推論。

　　行爲主義科學研究典範（霍爾稱之爲主
流典範[2]的傳播研究）所重視的線性傳播理
論，於過去二十年來受到源自於歐陸馬克思
主義思潮的批判理論與文化研究等的挑戰。

就如霍爾所說：「歐洲的取向是歷史與哲學
的視野，是抽象思考式的，它提供了豐富的
假設，但也常常太過於以偏概全；美國的取
向則是經驗性的，著重於行爲表現與採用科
學方法。」（Hall 1982:58）從馬克思主義這
套解釋社會整體的理論體系來解釋「傳播」，
大多是以一個宏觀的角度來探討、研究，因
此強調傳播的角色與功能必須放到整體的社
會制度與權力關係中來定位。

　　要連接這個宏觀的社會理論與個別主體
的傳播行爲，就必須擷取結構主義中符號學
及語言學的觀點與理論，才能適切地連接微
觀的符號意義建構與宏觀的社會權力運作，
因此在文化研究者看來，結構主義的符號學
是建構批判觀點的傳播理論基礎。

　　由於霍爾認爲行爲主義與批判理論之間
的典範對話，有助於人們瞭解主流典範形成
優勢的過程（Hall 1989:46），因此本章第一
節將對於傳播理論典範間的不同作一概要的
簡介，但對於批判理論中其他取向（如政治

經濟取向、法蘭克福學派等）則不予贅述。
其次，第二節中擬介紹文化研究的媒體研究
內涵與方向，探討媒體研究在文化研究著重
的意識形態主題中之地位。最後，本章第三
節要針對霍爾的閱聽人研究理論來說明傳播
模式的積極性，以及文本的「多義性」。

一、典範對話

(一)理論的決裂

　　大體而言，英國的社會學在1950年代，
大量倚賴美國的社會理論與模型，尤其是帕
森思（Talcott Parsons）的理論與梅爾頓
（Robert K. Merton，或譯為墨頓）的結構功
能論（structural functionalism）。美國的社會
學[3]廢除了「矛盾」的範疇，以「反功能」
[4]（dysfunction）與「緊張管理」（tension

management）來取代之（Hall 1980d:20）。但
美國這些系統化的結構功能主義卻無法在理
論上處理「社群」（community）的議題，而
「社群」在英國的社會學領域中被認爲是一種
類似開創文化的觀念。

　　霍爾認爲美國社會學的諸多前提與傾向
是高度意識形態的。事實上，美國的社會學
以一種高度特殊化的歷史性答案（如後資本
主義的、後工業的社會），來回答先前所提出
的問題（現在是哪一類的社會）時，都是試
圖塑造出美國夢想的模型。在這種夢想模型
下，美國社會學者讚頌「多元主義的社會」，
不斷地反對「極權主義的社會」，在這種高度
意識形態的對句下，卻可以歸結出一種科學
事實來（Hall 1980d:20）。此外，除了在「大
衆社會／大衆文化」假設的悲觀主義變體
（variant）中論及有關「文化」的事物之外，
美國社會學幾乎不考慮文化的層面。相反
地，它站在多元主義的基礎上，參照單一的
「價值體系」，相信大衆的野蠻文化終究會漸

漸地、成功地被收編；並且斷然拒絕意識形態的概念。同時，它所偏好的方法論（社會科學的方法），塑造出過時的自然科學形式、好戰的經驗主義者與量化分析（Hall 1980d:20-21）。

　　由於以上種種因素，使得霍爾等文化研究者思索合乎英國歷史、社會需求的社會學為何，以及試圖重新找出英國社會學的適宜性。因此霍爾認為這是「與社會學的決裂」（the break with sociology）。

　　霍爾對佔有優勢地位的社會主流典範（paradigm）之批判，也同樣適用於他對於主流傳播研究[5]的看法，這其中又可分為方法論與社會及傳播理論兩個層面，因為在美國盛行的社會學典範也大量被用於傳播研究上。尤其霍爾認為行為的化約主義不斷地將與表述、意義、語言、符號化等有關的事物轉譯為粗糙的行為指標，主流典範這種系統化的傾向經常以似是而非的「科學主義」之名做為正當化的理由（Hall 1989:42）。這種

理論取向雖然是以經驗爲基礎的科學面貌出
現，實際上卻是奠基在一組非常特定的政治
與意識形態的前提上，但是這個前提在理論
中卻不經檢證而能夠直接充當理論的骨架。
它應該問的是「多元主義是否行得通？」或
「多元主義如何行得通？」，但它卻是直接認
爲「多元主義可行」接著就精確地與經驗地
測量它是如何來運作（Hall 1982:59）。

(二)從「主流」到「批判」

　　對霍爾而言，傳播研究中的主流典範與
美國的主流社會科學所共有的特徵，指出了
社會科學的一般性危機[6]（Hall 1989:42）。
霍爾批判主流傳播研究的主旨，並不在於其
使用量化或實證的的方法，而是針對隱藏於
使用這套方法背後對於社會運作、個人行爲
的理論假設（張錦華 1994:137）。舉例來說，
以多元主義爲基本社會假設的學者雖然強調
「實證」的重要，卻從未「實證」過這些觀念
架構，而且他們對社會的定義十分狹窄，也

不予承認關於階級形成、經濟過程、制度化
的權力關係。社會得以維持是因爲社會規範
得到認可，這種對規範的一個必要的、基礎
的共識被認爲是理所當然的假設，因此媒體
與規範性共識之間的連結也只存在於「價值」
層次而已（Hall 1982:59-60）。

　　所以霍爾認爲傳播研究的主流典範總是
將它自外於或獨立於：a.一般性的社會理
論；b.一個發展完備的文化理論；c.一種社會
形構的適當歷史模型。因爲它不將自己看作
是建構一個一般性社會理論的積極參與者，
也不會認爲自己對文化理論有所貢獻，當然
也就不會去參與社會形構歷史模型的辯論
（Hall 1989:43）。主流典範自身在一個封閉的
循環中運作，卻宣稱它是對外開放的，這其
實是一種「理論的意識形態」（Hall 1989:
45）。

　　針對主流典範以及多元主義的理論薄弱
之處，霍爾從馬克思的架構在社會理論的層
面上提出挑戰（張錦華 1994:138），他認爲：

(1)社會運作不應從個人角度來看，而應從「結構」的觀點來看（因爲不同的社會階層會產生不同的利益與衝突）。

(2)社會共識並非經自由溝通所產生，而是由意識形態所框架出來的。

(3)社會權力的發揮並不在於某人影響某人的單一層面，意識形態所造成的潛移默化的影響，才是更深一層維持現有秩序的策略。

在媒體研究的歷程中，大眾傳播的研究發展大約是從二十世紀初開始至今，霍爾將它分成三個階段，在第二與第三階段之間發生戲劇性的「斷裂」，造成美國行爲科學的「主流」社會學取向崛起於1940年代，而在1950至1960年代間稱霸於這個領域；接著在行爲科學式微之後，另一個替代性選擇─批判性典範出現。霍爾認爲「主流的」與「批判的」理論取向，在乍看之下雖然只呈現出

方法上或程序上的基本差異，但其實是理論
觀點與政治設想估量的不同，而使得兩者之
間有所差別，除此之外，它們對於社會以及
一般社會形構的分析也存在著極大的差異。
用最簡單的話來解釋「主流」到「批判」觀
點的變動，就是從「行為的」到「意識形態
的」觀點的轉變（Hall 1982:56）。

　　雖然主流典範在理論上出現一些重大的
知識弱點（intellectual weaknesses），甚至於
它的弱點是外曝的，但它並不會因此而消
失，因為它只是在知識或理論上有弱點。相
反的，它會回過頭來吞噬一些批評，然後整
修、重新恢復活力。因為除了理論之外，還
有一些其他的東西在背後支持著它的思想結
構持續下去，在這種思想結構中研究工作得
以被推行、研究資金源源不絕、研究機構成
立以及消失……這些都是它的生存條件，就
像馬克思曾經提醒我們的：只透過思想是不
可能使形構瓦解。因此霍爾認為「典範對話」
（paradigm dialogues）並不能摧毀任何事物，

充其量只能動搖一些基礎而已，但重要的
是，我們必須質疑這種特定思考模式延續權
力的制度基礎是什麼（Hall 1989:46-47）。

二、文化研究之媒體研究取向

　　媒體研究小組（Media Group）是當代文
化研究中心內，研究時間維持最久的小組之
一，也是研究中心自開創以來研究工作的焦
點與興趣所在。這個研究領域的發展經歷了
一系列的階段，從與社會學的「決裂」到第
二次決定性理論工程的「決裂」─朝向一種
複雜的馬克思主義前進。媒體研究小組在霍
爾領導下，每一個階段都對一連串相關但仍
在發展中的理論取向基礎，採取一些不同的
分析焦點。

　　在早期，媒體研究被主流傳統與「大眾
傳播研究」的概念所密集地主導，就如大部

分研究由美國實證社會科學實踐所定義的一般。這個傳統根植於先前「大眾傳播」與「大眾社會」間的關係之辯論上[7]，但是這些「法蘭克福學派」關切點，卻已經被美國實證研究大量量化的方法論與本土的關切點完全重新修改過。有鑑於此，當代文化研究中心挑戰主流典範與其傳統的關切點，以文化研究的寬廣架構來重新界定媒體研究（Hall 1980c:117）。

(一)建構理論工程

　　整體而言，文化研究之媒體研究的批判典範，是環繞著意識形態向度的再發現而轉向的。關於意識形態論述的生產與轉變的問題，主要來自於意識形態論述中符號和語言的特徵所形成，也就是說，意識形態在語言中發現了它最適切、最有利的構連領域概念。其次，如何將社會形構中的意識形態實例加以理論化，也變成一個延伸理論及進行經驗研究發展的場域（site）（Hall 1982:65-

66）。

　　由此，霍爾認為文化研究中心的媒體研究與主流典範的「決裂」（break），以及重新設定研究的問題意識取向，可以歸納為四點（Hall 1980c:117-118）：

(1)文化研究的媒體研究放棄「直接影響」
　　的模型 [8]，而改以能夠更廣泛界定為
　　媒體的意識形態角色的架構為主。後
　　者的取向將媒體界定為一個主要的文
　　化與意識形態的力量，站在可以定義
　　社會關係與政治問題，以及向閱聽人
　　（audience，受眾）傳佈關於它所生產
　　與轉變的流行意識形態的優勢位置
　　上。這種關切媒體與意識形態兩者關
　　係的「回歸」（return），是研究中心媒
　　體研究小組最重要的與經常不變的脈
　　絡。

(2)文化研究挑戰「媒體文本是透明的意
　　義承載者」的概念，同時對意義的語

言學結構與意識形態的結構給予更多的關注，而不是僅對傳統內容分析的形式做個案研究。大眾傳播的普遍性意識形態本質，以及語言學結構本身形式的複雜性，兩者是研究中心的研究工作基礎，也是早期文化研究符號學分析模型的架構。

(3)文化研究放棄閱聽人在傳統研究中大量呈現出被動的與不具有差異性的觀念。另一方面，開始以更積極的閱聽人、解讀觀念，以及媒體訊息如何製碼、文本製碼的階段與閱聽人「解碼」變化之間的關係等概念，來取代傳統媒體研究中太過簡化的觀念。

(4)媒體與意識形態之間的問題回歸於媒體在流通與保衛主流意識形態的定義與再現時，扮演何種角色之議題上。這樣的關切點恰好與早期支撐美國研究與缺乏意識形態問題著作的「大眾文化」形成強烈對比。

(二)語言與實踐

　　關於媒體扮演著「反映」角色的說法
[9]，霍爾提出反駁。他認為眞實不再是一組
由給定事實所形成的組合，它是特定方式建
構事實的結果。「媒體不只是再生產『實在』
（reality），它定義了什麼是『實在』。」在所
有語言實踐中，經由選擇定義、再現眞實之
後，「實在」的定義就被保存與生產出來
（Hall 1982:64）。在這裡要說明的是「再現」
（represention，也是表述）完全不同於「反映」
（reflection）的概念。再現包含著結構化與塑
造、選擇與呈現的積極運用，它不只是傳送
既存的意義，更是使事物產生意義的積極勞
動。再現是意義的實踐與生產，後來被定義
爲「表意的實踐」（signfying practice）。因此
訊息的分析不再是以它的表面內容爲對象，
而是要看它的意識形態結構。
　　利用「語言的模型」對整個社會與社會
實踐加以分析的「結構主義」──尤其是馬

克思主義的結構主義，將傳播現象的議題集
中在表意的問題上。根據結構主義的說法：
現實世界的事物與事件並不具有它們自己
的、完整的、單一的與本有的意義，只能經
由語言來轉達。由於世界必須被賦予意義，
語言與象徵就是生產這些意義時所使用的媒
介，所以語言只是生產特定意義的中介物
（Hall 1982:67）。既然意義不是被給定的，而
是被生產出來的，那麼不同的意義也可能歸
結於相同事件之上。由此看來，爲了使意義
能夠規律地產生，它便必須爲自己爭取某種
可信度、合法性以及「被認爲是理所當然的
感覺」。

　　霍爾引述韋隆（E. Veron）說明意識形態
是如何運作的觀點，來解釋從表面意義到符
碼層次的轉變，並且認爲韋隆的觀點提供了
重新思考意識形態的一個好方法：

　　　如果意識形態是結構……那麼它們就不
　　是「意象」（images）或「概念」，而是

一套決定意象、概念的組織與功能的規
則……意識形態是一套將實在（reality）
製成符碼的系統，而非一套已被決定
的、符碼化完畢的訊息……因此，意識
形態相對於其行動者（agents）的意識與
意圖之間，擁有自主的關係：這使得人
們清楚他們對於社會形式的觀點，卻不
明瞭生成這些觀點的語意學條件（規
則、範疇或製碼過程）……那麼，由此
看來，「意識形態」可被定義為一套產
生訊息的語意規則系統……從語意性質
的角度來看，意識形態是訊息組織諸多
層次中的一層……（Veron 1971:68，轉
引自 Hall 1982:71）

從這個觀點來看，社會的分類架構
（scheme）可說是由意識形態元素或前提所組
成，那麼特定的論述方式（formulations，形
塑）將會是意識形態的，這不是說因為它們
來自於表面內容的扭曲或表露的偏見，而是

它們藉由限定的意識形態的母體或組合而生成或轉變。

　　所以媒體的從業者也許不會覺得他們所引用的架構或分類，會再生產了這社會的意識形態。就因為如此，結構主義者堅稱，雖然談話與個人的說話行動可以是個別的事件，但語言系統（元素、結合規則、分類組合）就是一套社會系統，所以說話者在使用語言言談時，也「被」語言所「說出」[10]（Hall 1982:72）。在受到佛洛伊德與拉岡的精神分析學派影響而產生的理論中，說話者這個發聲主體如何被安置在語言中的問題，不僅變成意識形態被構連的機制之一，而且是意識形態本身的主要機制（Coward & Ellis 1977；Hall 1982:72）。

　　李維・史陀（C. Levi-Strauss）的主張──「說話者產生意義，但只能在非其製造的條件基礎上，而且透過他／她無意識的進入語言之中」──可以放入古典馬克思的主張：「人們創造了他們的歷史，但不是按照

他們所喜愛來創造，並非在他們自己選擇的
情況下創造，而是在他們直接遭逢到的、給
予的、或過去承繼下來的狀況下去創造歷
史。」（CW 11:103；洪鎌德 1997c:225）這些
理論上的相同性，在後來的發展中被積極的
引用、發展及挑戰（Hall 1982:72）。

　　事件的表意方式是鬥爭場域的一部分，
因為藉此可以創造出集體的社會理解來—因
此表意也就促成人們認可特定結果被有效的
動員起來的手段。由此，意識形態不只變成
「物質的力量」，也是真實的力量，因為它的
效果是真實的（Hall 1982:70）。

　　由於表意是一項社會實踐，在媒體機構
內，特定的社會組織形式逐漸形成，使得生
產者（廣播者）得以隨心所欲地使用製造意
義的工具（科技設備），藉由特定的操作運用
（製播技術）而製造出產品（特定的意義）。
這個社會實踐被組織起來而產生象徵產物
（symbolic product）的方式，正是媒體機構的
特殊性。另外，「表意」與其他現代的勞動

過程的不同之處，在於它所生產的是一個論
述的客體（Hall 1982:68）。而這也是下一節
內容中，霍爾的製碼／解碼理論所要進一步
闡釋的重點。

三、製碼與解碼

　　從文化研究的觀點來看，文化研究者對
傳播所關切的焦點在於「意義的建構」，即意
義如何透過特定表達形式或在何種表達形式
中被產生出來，以及意義如何藉由日常生活
的實踐而持續地被協商（negotiated）與解構
（Murdock 1989:436）。這個觀點投射出文化
研究兩種不同卻有關聯的研究領域。
　　第一種研究專注於文化文本的分析上，
分析包括由媒體產業（media industries）所
生產的文本。文化研究將諸如驚悚劇、肥皂
劇或紀錄片等媒體形式，當做是以特定方式

處理意義的機制來研究，而不是把媒體形式
當做傳送「訊息」給（文化產品的）消費者
的交通工具。文化研究強調文本意義的多樣
性，並且有賴於全面敘述（narrative）、節目
形態、節目和演員先前的宣傳所提供的脈絡
（contexts）來決定，這不同於內容分析將發
言的意義視為是可以事先界定的，以及意義
本身與在文本中的位置可以分開、或是意義
和節目與其他文本的關係也可分開來
（Golding & Murdock 1996:12）。

　　由於文化研究強調意義的關係向度
（dimensions）與它必然的易變性，因而影響
了文化研究第二種主要媒體研究的立場：關
切閱聽人（受眾）解釋媒體加工品的方式，
以及將它們收編為閱聽人自己的世界觀與生
活方式的方法。這種人種學的（ethnographic）
推進力推崇消費者的創造性，並且提供了有
力與必然的籌碼，反駁簡單的「效果模式」
[11]概念。在這個研究中，閱聽人被視為積極
的主體，不斷地投入抗爭使他們的定位具有

意義，而不是順從主流生產體系的消極客體
（Golding & Murdock 1996:12-13）。與這第二
種研究取向有直接關係的就是本節主要探討
的製碼／解碼理論。

　　霍爾在〈製碼／解碼〉（Encoding／
Decoding）一文中，提出訊息（特別是關於
電視）如何被生產與傳播的理論性說明，他
提出傳播迴路（circuit）所包含的四個階段；
另外霍爾也借鑑帕金（Frank Parkin）的概念
[12]，將它加以發展後提出人們面對大眾媒體
訊息時的三種解碼方式，試圖從閱聽人解讀
文本的方式出發，並且從中提出偏好解讀
（preferred reading）的概念，用以批判並分析
傳播媒體中的論述、權力結構及意義鬥爭的
多樣性。

　　霍爾在傳播研究的分析，將符號學的典
範引入文化研究的社會理論架構中，開闢了
一條更為文本的與人種學的研究道路。另一
方面，霍爾的分析更成為其後另一位文化研
究學者莫利（David Morley）研究工作的理

論基礎[13]（During 1993:90）。

(一)傳播過程的四個階段

　　對於傳統大眾傳播研究的直線性（linearity）模型－即傳送者／訊息／接收者模式——忽視了複雜關係的結構性概念，霍爾認為應該以「結構」取代線性的方式做為這個傳播過程的思考方向。透過四個互相連結卻各具特性的階段（moments）之構連—生產、流通、分配／消費（distribution / consumption）、再生產—來產生與維持這個結構（Hall 1980b:128）。

　　這個傳播過程就是一種「優勢的複雜結構」（a complex structure in dominance），它透過連接實踐的構連來維持，然而這個過程不僅保持著本身的差異特性，也擁有自己獨特的形態、形式與存在條件。這種取向和馬克思在《政經批判綱要》（*Grundrisse*）與《資本論》（*Capital*）中所提出的商品生產架構的形式是一樣的，透過「通行的形式」（forms

of passage）維持一種持續的迴路[14]（生產
－分配－生產）帶來附加利益。它也強調在
每一個階段中，這種過程的產品所顯現出的
形式特殊性，以及藉此在我們的社會與現代
媒體系統中，辨別是什麼使得論述的「產品」
與其他生產類型有所不同（Hall 1980b:
128）。

　　這些實踐的「客體」是意義與訊息透過
符碼[15]（codes）在論述的毗鄰軸鏈[16]
（syntagmatic chain）中的操作，而組織起來
的一種特殊符號載具（sign-vehicles）之形
式。在特定階段中（在生產／流通中），以
「語言」規則所構成的象徵載具形態而呈現出
生產的工具、關係與實踐。「產品」的流通
就是以這種論述的形式發生的，這個過程需
要其物質工具（它的「手段」）以及自身的一
套社會生產關係（在媒體機器中實踐的組織
與組合），除此之外，產品的流通也分配給不
同的閱聽人。如果這種迴路實踐能夠完整又
有效的完成，論述必定會被翻譯（再次轉變）

進入社會實踐中。若意義沒有被構連到實踐
中，那麼這個實踐就沒有效果。這種取向的
價值在於每一個構連狀態下的時機對於迴路
的整體而言是必然的，沒有一個階段能夠完
全保證它所構連的下一個階段。既然每一個
階段都具有它特殊的形態與存在條件，每個
階段也能視它有效生產的流動之連續性而
定，建立它自身在「通行的形式」上的改變
與中斷（Hall 1980b:128-129）。

　　在廣播的制度結構中，擁有生產網路與
實踐、有組織的關係與技術設施，這些都是
用來生產節目的生產資料，與《資本論》中
的用法類比來說，這是論述方式中的「勞動
過程」。所以這裡的生產建構了訊息，從另一
種意義來說，迴路從這裡開始（Hall 1980b:
129）。

　　雖然在生產的過程中不可能沒有「論述
的」面向（生產也是由意義與觀念所建構而
成的），而且電視的生產結構創造了電視論
述，但這些結構卻不是一個封閉的體系。電

視論述從一個不同於自身的部分、更爲寬廣
的社會文化與政治結構獲取其它的來源與論
述，並據以描繪話題、議題、討論、事件、
人事、閱聽人的印象與「情境界定」
（definitions of situation）。這就是艾略特
（Philip Elliott）所說的：閱聽人是電視訊息
的「來源」與「接受者」。再借用馬克思的用
語來說，流通與接受是電視生產過程的「階
段」，也是經由一些彎曲的與結構的「回饋」
（feedback）所重新收編到電視生產本身的過
程。因此電視訊息的消費或接受，也是它本
身一個生產過程的階段。電視訊息的生產與
接受雖然不相同，但二者卻是相關的，因爲
它們同爲傳播過程的社會關係所形成的整體
性中不同的階段（Hall 1980b:129-130）。

(二)製碼與解碼模型

　　電視自語言的論述規則下生產出有意義
的論述（及經過製作後的符碼），這些語言與
論述的規則都佔有主流的地位，這發展出更

具差異性的階段。電視生產的訊息在具有效
果、滿足需要或有用處之前，必須先被引用
成為一個有意義的論述，並且被有意義的解
碼。這套「具有效果」的解碼意義，以非常
複雜的、理解的、認知的、感情的、意識形
態的或行為的結果來達成影響、娛樂、教導
或勸服的效果。在某一個「決定的」階段
中，該結構使用某種符碼並產生了某種「訊
息」，在另一個決定性階段中，這個「訊息」
經由解碼而流向社會實踐的結構中（Hall
1980b:130）。

　　從圖4-1可以清楚看出「意義結構1」與
「意義結構2」之間可能並不相同，它們並不
具有某種「直接的一致性（immediate
identity）」，而且製碼與解碼用的符碼也不全
然對稱。對稱的程度 [17] 需視建立在製碼者
── 生產者與解碼者 ── 接收者之間的化身
（personifications）位置對稱或不對稱的程度
而定。但是這又須交互由完全或不完全傳送
出去的符碼、中斷或系統地扭曲那些已被傳

送出去的符碼之間一致或不一致的程度來決
定（Hall 1980b:131）。

　　符碼間缺乏一致性，與廣播者和閱聽人
之間的關係以及位置的結構差異有很大的關
連，但這也和「來源」與「接收者」的符碼
之間，在轉換爲論述形式或由論述形式轉換
而來時的不對稱有一些關連。所謂「扭曲」
與「誤讀」就是由傳播交流的兩端缺乏均衡

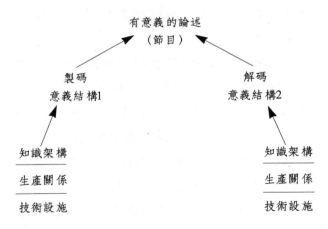

圖4-1　製碼／解碼流程圖

本圖摘錄自Hall 1980b:130

所造成。以上的說明也界定了訊息進入與退出其論述時刻具有「相對自主性」，但卻是傳播過程中相當的決定性力量（Hall 1980b:131）。

在描述電視的特性時，霍爾表示電視的符號是相當複雜的，因為它混合了視覺與聽覺的論述，成為一種肖像符號（iconic sign）。當視覺論述將三度空間的世界轉變為二度空間的平面後，視覺論述就不能夠成為它所表意的指涉物或概念了。舉例來說，在影片中的狗雖然會吠卻不能咬人（Hall 1980b:131）。艾科（Umberto Eco）認為肖像符號「看起來就像真實世界中的客體，因為它們對觀看者再生產了感知條件「（conditions of perception）（Hall 1980b: 132）。

實在存在於語言之外，但它卻不斷的藉由語言或被語言中介：我們所能知、能說的，必須透過論述或在論述中產生。論述的知識不是產生於語言中真實的透明再現，而

是產生於語言在真實關係與條件的構連。因此沒有符碼的操作就不會有可以理解的論述（Hall 1980b:131）。

簡單的視覺符號可以達到一種近乎普遍性的效果，但事實證明即使是顯見地「自然的」視覺符碼，也是具有文化特殊性的。將符碼自然化的操作過程，透露出符碼在使用上的深度、習慣與近普遍性（near-universality），而不是語言表面上看起來的透明與自然。這種產製出「自然的」認知符碼，具有隱藏符碼所呈現的實踐之意識形態效果。事實上，當意義交流的製碼與解碼兩端之間，出現一種根本的結盟與相互作用（一種已達成的均衡）時，已自然化的符碼所示範的是由習慣的程度所產生（Hall 1980b: 132）。

在現實中，只有很少的例子是論述中的符號只表示出其字面上的意義，在真實的論述中，多數的符號混合了明示的（denotive）與隱含的（connotive）面向。符號在它們

「聯想的」意義層次似乎可以獲得全面的意識
形態價值（似乎被開放來與更多意識形態論
述及意義相互構連），因為「意義」在此並不
是固定在自然的理解中，符號的意義與聯想
的流動能夠更完整的解釋與轉換。所以環境
的意識形態在符號的隱含層次改變與轉換表
意（signification）。在這個層次更能清楚看出
多種意識形態在論述中的活躍介入：在這
裡，符號開放新的重音（accentuations，強調）
進入，完全進入意識的鬥爭之中──語言的
階級鬥爭（Hall 1980b:133）。

　　霍爾特別強調「多義性（polysemy）並
不等同於多元主義（pluralism）」，因為多種
符碼的隱含義之間並不是均等的。任何社會
／文化（具有不同程度的封閉）傾向於將其
社會、文化與政治的世界強加分類。這些構
成了一種主流的文化秩序，雖然它並非單音
而不能反抗的。社會生活的不同區域似乎被
標示在論述領域中，有階層地組織成主流的
或優勢的意義。「偏好解讀」的領域被嵌入

全部社會秩序，而成為一套意義實踐與信
仰：社會結構與「在這個文化中所有實踐的
目的如何運作」的日常生活知識、權力與利
益的等級秩序以及法律、限制與許可的結
構。因此為了明白在隱含層次的「誤讀」，我
們必須透過符碼參照社會生活、經濟、政治
權力以及意識形態的秩序（Hall
1980b:134）。

(三)三種解碼立場的假設

　　霍爾提出三種可能的解碼立場的假設分
析，試圖說明語言（文本的表面）與表意之
間並「沒有必然的對應」，並藉此解構媒體論
述的製碼機制：

1. 主流稱霸的立場（dominant-hegemonic position）

　　閱聽人直接且完全地接受他從媒體中所
獲得的訊息，完全按照製碼的意義進行解
讀，在主流的符碼中操作他的解碼程序。霍

爾將這種理想典型稱為「完全透明的傳播」。
另外，在這種立場可說是由專業符碼所產
生，因為專業的廣播人再將訊息製碼時所假
設的立場，實際上已經以霸權的方式在表意
了。專業符碼「相對獨立」於主流符碼之
外，因為它使用自己的標準、自己的轉換操
作，更特別的是它具有技術實踐的本質。但
即使如此，專業符碼還是在主流符碼的霸權
下操作，它只是用不明顯的方式在主流的方
向下，再生產霸權的定義。意識形態的再生
產在此也就無意識地、不經意地發生（Hall
1980b:136-137）。

2. 協商的立場（negotiated position）

　　以協商方式的解碼立場包含了適應與反
對的混合因素，它承認霸權定義的合法性，
可是卻又會在有限的層次上創造自己的規
則。閱聽人一方面將事件的主流定義擺在優
先地位，另一方面卻保留權利進行更多有利
自己立場的協商。協商符碼是透過特定的邏

輯來操作的，這些邏輯是由它們與權力的論
述和邏輯之間不同與不均的關係來維持
（Hall 1980b:137）。

霍爾認為文化生產的過程即是將特定意
義製碼後，放入文本的結構，「偏好意義」
企圖再現已經在政治或經濟上擁有權力的利
益的經驗。這種製碼的過程，經常是來自於
構成特定社會認同與專業認同的「協商符碼」
的產品。由此看來，生產新聞產品的背後意
圖就不能單純的假設為統治階級的意圖，因
為新聞記者在操作專業符碼，試圖生產出客
觀中立的報導時，卻經常生產出具有現存權
力結構的優勢意義的文本（Grossberg 1991:
138）。

3. 反對的立場（oppositional position）

閱聽人將訊息中的優勢符碼完全解構
掉，並以不同的參考架構重新加以解釋、重
新整體化（retotalize）。霍爾舉出這種情形在
閱聽人面對關於限制工時、薪水的討論時，

將每一次所謂「國家利益」的呼籲解讀為
「階級利益」的例子中可以清楚看出。最具重
大意義的政治時刻在於,當那些平常用協商
方式來解碼的事件,開始被給予反抗性的解
讀時,「表意的政治」——論述的鬥爭——
在此刻參與進來了(Hall 1980b:138)。

霍爾的製碼與解碼的模式,使議論的焦
點從意識形態決定論,慢慢轉向多元主義,
甚至是意識形態競逐論(contestation)。文本
雖然是支配性意識形態的產品,也具有某種
特定的優勢意義,但是讀者是否能接受特別
意涵,則與讀者在社會體系中的位置,或者
是讀者所擁有的文化財有關。因此,為了回
應霍爾模式,新的讀者研究浪潮在1970年代
末與1980年代初期興起,不再依循探討文本
與讀者在美學或現象學上之關係的方向前
進,而是轉向「測試」霍爾所暗指的意識形
態協商過程(Allen 1995:35)。

大體說來,霍爾主張大眾傳播是一種被
結構起來的活動,在這種活動中,生產訊息

的機構握有制定計畫和決定課題的權力。這
有別於將媒體的權力視為支配閱聽人行動的
觀點（即效果理論之假設），而凸顯出媒體在
設定計畫、提供文化範疇與分類框架，以便
於文化個體知所適從的工程角色上。從使用
與滿足的觀點，他試圖整合閱聽人積極地由
符號和象徵中找到意義的觀點，不過他的關
注不僅於此，他還希望能夠探討閱聽人的反
應和詮釋如何在高於個人心理的層次中被建
構起來，並產生固定的模式。除此之外，霍
爾也借用符號學的觀點，從批判的角度仔細
探討傳播如何「運作」的問題，這個焦點集
中在釐清我們所面對的符號和象徵，只有在
以某些符碼為參考的情況下才具有意義；同
時，這些符碼或多或少是由閱聽人與訊息的
生產者所共享的（Grossberg 1992:48）。

　　簡單地說，製碼／解碼模式想要將數種
不同觀點的洞識結合起來，包括傳播理論、
符號學、社會學、心理學，進而針對存在於
具體社會脈絡中的傳播過程建立一個整體的

模式。製碼／解碼模式關心的是意識形態和
文化的力量，但是它論點的基礎有所轉移，
它把重點轉移到意義如何得以被生產之上；
另外它試圖提出我們該關心的不是文本的意
義，而是其實踐所在的條件（亦即應該檢視
的是傳播的基礎），更重要的是，應當視之爲
社會與文化的現象來加以檢視（Grossberg
1992:48-49）。

註釋

〔1〕孔德於19世紀初期創立社會學與實證主義哲學，
　　　自此實證主義社會學便一直居於社會學的主流地
　　　位。在孔德心目中的社會學應該是用「純粹的觀
　　　察法、實驗法以及比較法」，以發現一套像自然法
　　　則一樣永恆不變的社會法則，希望模仿物理學的
　　　方法使社會學躋身科學之列。孔德的實證主義主
　　　要是透過法國社會學家涂爾幹的學說，以及新實
　　　證主義的科學哲學，而影響現代社會學。參考黃
　　　瑞祺，1996:9-12。
〔2〕雖然霍爾實際上使用「典範」（paradigm）這個用
　　　語，但他其實還是比較偏好「問題意識」

（problematic）這個用語，來指涉在某一個由許多概念組成的特定領域中，所完成的所有經驗上與理論上的工作，這些概念之間互相有關係。參見Hall, 1989:40。

〔3〕霍爾稱美國的社會學為主流的社會學（mainstream sociology）。

〔4〕梅爾頓認為一個文化社會要素相對於某一社會文化體系而言，可能具有正功能（function）、反功能（dysfunction）以及非功能（non-function）。正功能有助於一體系之順應或適應的客觀後果；反功能即削弱一體系之順應或適應的客觀後果；非功能即與此一社會文化體系無關的後果。梅爾頓試圖以「反功能」的概念來說明社會變遷的來源，值得注意的是，「反功能」及其所蘊含的「緊張」與「壓力」之概念，與馬克思傳統的「矛盾」概念非常相近。參見黃瑞祺，1996:54-58。

〔5〕霍爾將盛行於美國傳播研究的理論稱為主流的（mainstream）或優勢的（dominant）典範。

〔6〕霍爾指出經驗行為的（empirical-behavioral）傳播研究與理論的危機，同時由許多方面所泛層決定，這個危機分為內在與外在的層面：內在層面包括主流典範的認識論與理論的基礎，以及方法論與程序，這些是促成現代大眾傳播體系的內在關係、實踐與效果的知識工作；外在層面所指的是傳播機構與實踐的領域如何在更寬廣的社會、

政治、經濟結構關係中被瞭解，並且在社會形構
的整體中有所發展。參見Hall, 1989:41。

〔7〕 法蘭克福學派認為在晚期工業資本主義的發展階
段，現代社會發展成「大眾社會」，大眾傳播媒體
是這個演進過程的助力，同時也是這個趨勢的一
個癥候。大眾媒體在資本主義的商品化導向下，
以大量複製的方式剝除了藝術、文化的獨特性
「氛圍」（aura）與批判性內涵，因之所產生的大
眾文化對菁英／傳統文化價值產生威脅。法蘭克
福學派將它稱為「文化工業」。參見陳學明，
1996:35-40。

〔8〕 即為一種具有行為主義含意的刺激─反應模型，
把媒體內容當作是板機。

〔9〕 認為媒體只是將事物忠實的呈現、表達出來，不
參雜任何色彩。

〔10〕 霍爾說明論述的運作規則為：論述將說話者置放
在特定的論述位置，使說話者認為自己是說話內
容的有意識作者。然而這個作者身分所仰賴的系
統卻依舊是毫無意識。後有理論者注意到雖然這
個被去中心的（de-centered）作者「我」其實是
依賴著語言系統，透過主體來說話，但這卻使得
以往全面性存在的「我」─即笛卡兒（Rene
Descartes）的主體概念──成為一個空白的空
間。參見Hall，1982:72。

〔11〕 美國研究大眾傳播的社會學者認為媒體對於個人

的行為會產生影響，只要將這些轉變的行為加以分析，即可確認個人受媒體的影響，參見 Hall, 1982:56。換句話說，如果媒體產生效果，就會在經驗上顯示出對於個人行為的直接影響，媒體的效果也就成為行為轉變的機制。不同時期的傳播理論對於大眾傳播的效果看法並不相同，因此其理論也演變出有限效果、中度效果以及大效果等不同模式，來解釋傳播效果。在實證上，這類型的理論大量被使用來研究電視暴力內容的效果。參見Steverin & Tankard, 1992:436-438。

〔12〕帕金於1972年提出：人們以三種基本意義體系，來解釋或反應他對自身所處社會情境的知覺。這三種體系為優勢的、從屬的與急進的。參見Fisk, 1995:148。

〔13〕莫利運用霍爾的解碼分析，對英國新聞性節目「全國觀眾」（The Nationwide）的收視者進行調查研究，考察來自各個社會階層的觀眾對於同一文本的不同解讀。參見Morley, 1995。

〔14〕以馬克思的術語來說，資本主義的生產叫做迴路（circuit）。「迴路」不只用來解釋生產與消費，它也包括再生產（指維持某些條件使這迴路不斷運作）。每一階段對於價值的生產及實現都是十分重要的，每一個階段都為另一階段創立決定性的條件。換言之，每一個階段都依賴或決定其他階段的形成。參見Hall, 1996:35。

〔15〕所謂「符碼」就是一套有組織的符號系統，如交通號誌、紅綠燈等。它的使用規則是建立在社會成員的共識之上，因此在日常生活中，凡是慣例或約定成俗之事，都是「符碼化」的結果。另外，符碼又分成兩大類：行為符碼（codes of behaviour）是指法律條文、行為態度、遊戲規則等符碼；指意符碼（signifying codes）則是指符號的系統。由此可以延伸出「文化」也可被視為是由符碼構成的集合或體系，這在許多方面與語言的構成有類似之處。詳見 Fisk, 1995:89; Beger, 1995:82-84；以及 O'Sullivan, Tim, Hartley, John, Saunders, Danny, Montgomery, Martin, Fisk, John, 1995:43-45。

〔16〕索緒爾認為，符號組成符碼的方式有兩種。第一種是系譜軸（paradigms）：是被選用的符號所從出的一組符號，如字母是書寫語言的系譜軸，其特徵為——同一個系譜軸中的各單元（unit），必有共同之處，如[A]是字母系譜軸之一員但[5]不是；再者，每一個單元在系譜軸中必然與其他單元清楚區隔，如[A]與[B]不同。第二種是毗鄰軸（syntagm）：是被選用的符號所組成的訊息，通常一個元素從系譜軸中被選出來後，會與其他元素組合，即成為毗鄰軸，如一個句子是字的毗鄰軸。參見 Fisk, 1995:81-83；以及 Beger, 1995: 94-97。

〔17〕亦即在這個傳播交流（communicative exchange）過程中，「了解」（understanding）與「誤讀」（misunderstanding）的程度。Hall, 1980b: 131。

　　英國保守黨在1979年由柴契爾夫人贏得
大選成為首相之後，連續三次擊敗工黨創下
十一年的執政記錄。柴契爾夫人雖然在1990
年去職下野，但是她所代表的右派勢力卻帶
給英國整個社會結構的改變，即使下野但其
影響力仍在。這股新右派浪潮從政治與意識
形態層面打破了以工黨為主導的左派勢力，
也使得左派出現了無法有效提出相對策略與
回應的窘境。

　　身為一個新左派的知識分子，霍爾多年
來從觀察英國社會的改變中，試圖提出一些
具有說服力、解釋力的理論來檢討左派失勢
的原因，以及作為重新取得力量的根據。從
哪裡失去，就要從哪裡奪回，因此柴契爾主
義的勝利也激發了左派走出低迷，爭取理論
霸權、意識形態霸權的反省動力。這也是工
黨在敗選之後為了奪回執政權、改善傳統形
象，不斷在問題定位與政策上修正其策略及
意識形態的依據。對此，一批左派理論者也
陸續發表關於「新時代」的論述，試圖與現

實世界做適度的連結，以奪回理論霸權。

　　終於在嚐盡十六年在野滋味之後，工黨
歷經分裂危機[1]、大幅修改傳統政策[2]等變
動之後，由工黨黨魁布萊爾（Tony Blair）贏
得1997年大選取回政權。

　　本章第一節從柴契爾主義的形成、內
涵、策略等談起；第二節概述霍爾提出的民
粹主義與威權式民粹主義的概念，再進一步
探討民粹主義與人民民主之間的關係，從這
個角度解釋柴契爾主義如何維持政權、取得
霸權。第三節闡述霍爾論及「新時代」的觀
點，做為左派長期對柴契爾主義的分析與批
評之理論總結。

一、柴契爾主義

　　柴契爾主義不僅是一套主義或學說，也
是一種領導態勢（a style of leadership），更是

一種政策方案，這三者實爲一體之三面
（Gamble 1988:22-23）。在柴契爾主義成爲英
國新左派辯論焦點的過程中，霍爾提出的理
論是解釋力最強，也最具爭議性的。早在
1979年，霍爾即對新右派[3]（New Right）的
「奪權」提出關切，呼籲進步勢力不可輕視這
種「激進」右派的新發展，因爲英國整個社
會結構都將面臨重大改變（陳光興 1988:
68）。

　　霍爾認爲理論化的目的不在於提高個人
的知識或學術聲譽，而在於能使我們捕捉、
了解並且解釋（以產生一種更適宜的知識）
這個歷史的世界以及其過程（Hall 1988a:
36）。因此霍爾的理論從歷史、社會、經濟、
政治、文化、意識形態等層面來研究柴契爾
主義，分析英國新保守主義勢力抬頭的原
因。

(一)時代背景

1. 共識政治

　　二次大戰之後，戰爭提供了英國一個重組社會關係的基礎，打破許多舊有的社會關係，促使人們重新思索，尋求新的方向。戰前，1930年代經濟恐慌所造成的大量失業、不平等，以及嚴重的貧窮問題，仍然餘悸猶存，沒有人願意繼續維護原有的社會體質。更重要的是戰時經驗給予英國人更深刻的團結心、休戚與共的感覺，而戰爭的結束也使人們盼望一個新紀元、一個走向公平社會的英國、一個沒有艱苦階級鬥爭的新英國（C. Roberts & D. Roberts 1986:1101）。這種種的因素均提供了英國「社會民主的共識」（social democratic consensus）—— 一種沒有文字形式的新社會契約 —— 達成的條件，這個共識使得英國社會不同的、有衝突的社會利益之間形成了一種交易、一種歷史上的妥

協。

　　在政治上，右派將他們更爲保守的、倡
導自由市場經濟的主張邊緣化；而左派則接
受一種修正後的資本主義，以及在策略性影
響的西方集團領域內運作（Hall 1988a:36）。
左右雙方各自放棄了一些理念堅持，而達成
諸多共識：雙方都同意資本主義應該繼續運
作，但部分重要的工業部門必須納入國家掌
握；雖然雙方皆不認爲應該建立一個強大的
政府，但卻都認爲應該增加政府的管轄權以
配合種種社會的需要，這也就是英國「現代」
福利國家形成的基本條件。這些社會福利包
括了退休制度、失業福利、幼兒保障、醫療
保險、公共教育體系等。在經濟政策上，爲
了達到機會平等、全面就業的目標，各派人
士同意透過凱因斯（John M. Keynes）模式的
計畫來達成管理性經濟。在外交政策上，雙
方均同意與西歐各國結盟，形成「西方自由
世界」的體系。另外，共識的達成也讓工人
階級同意在國家的架構內，來解決他們的問

題（陳光興 1988:69）。

　　綜合而言，「社會民主的共識」包含了
四個特質（Kavanagh 1987:4）：

　　(1)是一種混合經濟：爲了社會目的而由
　　　　國家支配與管理的市場經濟。
　　(2)對於工會與勞工階級利益的順從。
　　(3)其主要的代表爲工黨。
　　(4)對某些政策的尋求：如充分就業、福
　　　　利國家等。

　　這種共識奠基於1945年到1951年的工黨
政府，在1950年代初期便已發展成戰後的共
識，而保守黨長達十三年的執政，正是致力
於建設「部分社會主義」的社會。因此不論
是工黨還是保守黨，一旦執政，該黨的領袖
都會拋開原有的理念而改走中間路線（C.
Roberts & D. Roberts 1986:1141）。

2. 共識的崩解

　　在實踐這份共識的過程中，雖然沒有使

英國全面性的轉變，但多少部分地修飾了英
國社會關係的外貌。當時的英國，代表令人
稱頌的政治制度、大權在握的首相、完美的
兩黨制度與選舉、有效率的政府、極低的通
貨膨脹與失業率之集合體，而社會民主的共
識正與這些共生共存（陳新裕 1989:13）。
1950、1960年代，英國社會逐漸復甦，人民
逐漸感受到生活的提升以及自由的氣息，窮
人有醫療服務的照顧、街頭示威運動不再發
生、失業率大量減少……甚至在政治、社
會、文化上都產生新的認同感，英國人民普
遍都以爲「共識」將一直維持下去。但是好
景不常，1960年代開始，種種問題開始浮現
出來。

　　此時，1964年麥克米蘭（Harold
Macmillan）的保守黨政府下台，由威爾森
（Harold Wilson）領導的工黨政府執政，開啓
了工黨的「黃金時代」，威爾森政府上任後即
大力推行「科技革命」，企圖改造英國的工業
基礎。從1964年到1979年間，社會民主共識

與工黨的政策，從此被視爲一體（陳光興
1988:70）。威爾森政府採用社會主義所強調
的「參與理論」，將工運及工人階級主動的帶
入工黨施政的中心，工黨、工會與勞工三方
合作的結果造成政府權力急速膨脹，形成一
種組合的國家（corporate state）[4]（Hall
1988a: 37）。

　　但這種擴張的情勢，並非完全出自工黨
政策的期望，而是主要來自於結構的因素：
英國經濟體制的運作方式，原是以中小企業
爲主體，但實際上已經無法主導英國經濟發
展。在大企業取向、國際資本流通快速的時
代中，若仍想堅持「共識」，政府就必須成爲
組合國家的經理——由政府爲中介來組織分
工、分配社會財富、充分代表人民。因此，
政府也必須是組合資本主義（corporate
capitalism）的經理人（陳光興 1988:70）。
「政策無可避免地會產生政策設計人意料之外
的後果，而這種後果，時常與當初想要達成
的目標背道而馳」[5]，這種工黨在政策預期

之外所形成的國家主義（statism），成爲1970
年代柴契爾主義所攻擊的重點。

　　另外，隨著經濟無法提供足夠的資源，
來滿足私人消費與對政府的期望，漸漸浮現
出收支不平衡、英鎊的可信度降低、工業不
能快速升級等問題。共識所包含的政策之
間，已顯現出矛盾。因爲福利國家的達成，
必須部分依賴充分就業、經濟發展，以避免
福利制度的負荷量過重，但是時間過去了，
福利項目支出額不斷上升，各項經濟統計數
字卻下降了。

　　再加上英國經濟體系及工業結構過於虛
弱與落後，無法擺脫傳統世界帝國主義在財
政上所扮演的角色，又不夠現代化以及不夠
資本化，以至於無法獲得鉅額的剩餘價值，
來支持需要的資本累積、利潤以及維持國家
福利、高薪資、改善窮困人民的生活狀況。
國內的矛盾與壓力，與國際經濟市場衰退相
結合，使英國這個資本主義鎖鏈中最古老，
現卻成爲最虛弱的國家，陷入混亂（Hall

1988a:37）。

1960年代末，英國社會與政治變動頻
起，接著發生反越戰的反文化社會運動。到
了1970年代初期，工業界之間的衝突開始白
熱起來。一直支持戰後英國社會的「社會民
主共識」開始產生裂痕，工黨領導的合法性
也開始消散。在經濟生活中，薪資、生產、
罷工、工業衝突、工會敵意顯現；在社會生
活中，犯罪、種族歧視、道德及社會價值瀕
臨瓦解，整個英國似乎進入危機狀態（Hall
1988a:37）。

(二)柴契爾主義的出現

柴契爾主義的出現，源自於三種不同趨
勢聚集在同一歷史點上（陳光興 1988: 68-
69）：

(1)英國經濟體質長期衰微，與世界資本
　　主義的蕭條期相結合。

(2)新冷戰體系的重組、核子競賽與內部

　　保守勢力的鼓舞，使英國好戰、「愛國」的情緒，進入白熱化的階段。

(3)最重要的是，工黨勢力在二次大戰後三次執政後逐漸瓦解，同時英國政治架構於1945年建立起來的「社會民主的共識」也宣告瓦解。

1. 柴契爾主義的內涵

　　1975年柴契爾夫人（Mrs. Thatcher）取代奚斯（Edward Heath）成為保守黨黨魁，並且成功地完成黨內革命，將「貨幣主義」（monetarism）[6]及自由市場帶入保守黨政策綱領中，整合新的政治現實與勢力，將互相矛盾的教條轉變為一個意識形態的整體（Hall 1988a:38），形成在當代政治課題中佔有穩固地位的柴契爾主義。

　　柴契爾主義是一種政治風格（政治哲學），也是一套政策。柴契爾夫人的思維深受新保守主義和新自由主義的影響，在她執政後的基本政策理念幾乎都以這兩股思想為依

據，大體說來，柴契爾主義融合了新保守主
義的主張（對社會民主的反動）和新自由主
義的理念（反對凱因斯學派的經濟理論及福
利國家的主張），再加上傳統保守主義的思想
（如愛國主義、法律與秩序、權威等）而構成
（Leach 1991:114）。

　　將柴契爾主義落實到政策層面後，可歸
納出四個項目（Kavanagh 1987:12-13）：

(1)抑制貨幣供給的增加，壓制通貨膨
　　脹。這顯示出不再透過政府、工會、
　　資方的三方協議模式來對抗通貨膨
　　脹，一切委諸市場法則。如果勞資雙
　　方的解決方案使得工資的增加率高於
　　生產力的成長時，他們必須冒著喪失
　　市場的危險，或是以失去工作為代
　　價。

(2)裁減公共部門，鼓勵自由市場導向的
　　經濟型態。這包含國營企業的私有
　　化，解除在商業活動上的許多限制，

同時鼓勵出售公共住宅給個人。政府不會無限期的補助毫無利潤的工業、減少公共開支將有助減稅的實施，而減稅又可鼓勵新公司的成立並刺激經濟成長。

(3)就政府而言，透過各種改革以促進勞工市場的自由化（如進行投票以決定是否罷工、定期改選工會領袖、取消長久以來工會在法律上所享有的豁免權），並且想要有效控制貨幣供給，就須同時建立一個更有效率的自由市場經濟。

(4)恢復政府權威。這一方面意味著加強國防武力與警力，以維護國家利益、法律與秩序；另一方面代表了抗拒來自於壓力團體各種具有侵害性的利益要求。

基本上，柴契爾主義的目標就是要使英國成為一個自由市場經濟和一個強大的國家

（the free economy and the strong state）
（Gamble 1988:31）。也就是在「強大的國家」
下推動「自由市場」的運作，這是「重新管
制」而不是「解除」管制或自由化（馮建三
1992:119）。這意味著更多的愛國主義、更龐
大的軍備，以及加強內部控制機構的效能，
以避免自由市場競爭原則所帶來的傷害。

2.柴契爾主義的策略

　　值得注意的是，柴契爾政府自從1979年
上台以後，柴契爾主義能夠主導英國政治議
程，雖不全然依靠計畫，但也不是光靠運
氣，畢竟十年執政是一個漫長的發展過程。
從柴契爾主義所採取的策略，可以探討並了
解柴契爾主義之所以成功的原因。

　　霍爾以「霸權」的觀念來描述當代資本
主義的權力關係（陳光興 1988:76）：霸權不
能僅僅被了解為文化或意識形態的「收編」
（incorporation），而是一種歷史集團的形成過
程，經過「發動」大眾支持才能完成的任

務。根據霍爾對葛蘭西的詮釋，霸權的取得
是透過「領導」而不是壓迫性的「支配」，是
「容納」而不是「收編」。在取得霸權的過程
中，必須運用大眾既有的「常識」，才能贏取
支持與認可，所以歷史集團真正的工作，即
是如何創造一種新的常識，以便完成其「歷
史任務」。而這正是柴契爾主義能夠成功的主
因。

　　從策略的觀點來看，霍爾認為柴契爾霸
權的形成，取決於整個客觀環境進入危機狀
況時，柴契爾主義所必須完成的兩項任務
（Hall 1988a:39）：

　　它的第一項歷史任務是，要完全推翻
「社會民主的共識」，瓦解英國戰後政治塵埃
落定（settlement）的常識。它攻擊工黨所有
的基本原則，將危機的產生完全歸罪於工黨
長期的政策（陳光興 1988:71）：a.工黨不應
該以「階級」利益代替「國家」利益，以
「工會」代替「人民」的利益；b.工黨的國家
主義的社會管制太多，喪失了民主的真義；

c.工黨的集體主義，犧牲了個人的自由。

　　柴契爾主義的第二項歷史任務是，要扭轉英國社會的主流趨勢。表現在政策上的包括：扭轉國家補助福利的趨勢；減少公共支出及政府干涉範圍；重建私有企業及自由市場；打散工人階級經由工會在經濟與政治方面運用的權力；控制薪金。

　　至於隱藏在政策背後的，則是意識形態的鬥爭。柴契爾主義的目標不在於贏取短期的選戰，而是長期的奪權，不僅透過奪權來指揮國家機器，還要透過轉換國家機器的運作，重新結構整個社會，以贏取「大眾權威」（popular authority）——贏取霸權（Hall 1991b:117）。為此，柴契爾主義的任務在於重新建立一個意識形態集團（ideological bloc），具有新自由主義、自由市場、佔有式的個人主義（possessive individualist）傾向（Hall 1988a:39）。在價值體系上，柴契爾主義的新哲學奠基於自由市場原則與維多利亞的社會價值觀（父權主義、人種歧視、帝國

主義的光輝……），要將整體社會生活的方式
回歸到傳統的社會標準：以做「英國人」為
傲、以父權控制家庭為社會主流、以「國家」
利益為利益、以在國際社會受「尊重」為優
先（陳光興 1988:71）。這種轉向威權式的政
體，以「法治」與「秩序」為號召，針對
「危機」與「動亂」的大眾意識下藥，在缺乏
其他解決方案之際，這種反動的常識的確發
揮了作用。

除了客觀的歷史環境外，霍爾認為柴契
爾主義獲勝的主因，是它在意識形態鬥爭中
的各個戰線上取得了優勢。它直接在大眾意
識形態（popular ideologies）的領域內操作，
抽出傳統的分子而朝向威權的趨勢，並且準
確的認識到「主體」的多元性、矛盾性及分
散性，只要將主體的部分利益納入政策，就
可贏得主體的支持，即在每個人身上都找得
出柴契爾的部分代表性（陳光興 1988:73）。

這種新形式的保守主義，既能深獲民
心，又沒有古老保守主義的貴族菁英式作

為，被霍爾稱為「威權式的民粹主義」[7]
（authoritarian populism）（Hall 1988a:41）。它
的操作模式與傳統保守主義大不相同：後者
重視從上往下的帶動；前者雖不是從下往上
推動，但是在上層發動後，更強調向下層積
極主動地爭取民眾支持與認可。

　　因此，柴契爾主義清楚的認識到，要改
造社會就必須在每一條戰線上從事改造，過
去高壓式的統治方式已經不能在現代民主社
會中運作。相反的，必須深入群眾，將不同
的社會利益納入改造的藍圖中；必須使用最
簡單的語言，讓民眾認為你的政策代表他們
的利益；必須提供人民一個確切、美好的圖
像，只要他們能讓你繼續執政，從長遠看
來，個人、國家都將獲得最大利益。總而言
之，必須重新改造既有的整套社會價值觀，
讓人民能認同你所相信的社會遠景（陳光興
1988: 72）。

　　這就是葛蘭西所說的：霸權不能只化約
在經濟上，不管是在最初還是在最終狀況，

因為霸權的界定已經包含並超越了「純粹經濟階級的組合限制」（the corporate limits of the purely economic class），而且霸權也必須「符合其他附屬團體的利益，才能取得優勢，普及於整個社會」（Hall 1988a:54）。

　　由此可知，柴契爾主義策略運用的極致，是整個社會價值的重組。在「負」極上呈現了一連串的等號：國家主義、官僚系統、社會民主、集體主義、階級利益、工會、動亂、犯罪。在「正」極上則是：自由、全民、個人努力、法治、安定、國家、家庭、責任、權威、競爭、自我利益、標準、傳統、反國家主義、柴契爾主義。柴契爾夫人不但成功地將「社會民主共識」打上負號，更結合了過去的保守主義、自由主義，進而轉換成柴契爾化的人民主義（陳光興 1988:72-73）。

(三)柴契爾主義的啓示

　　柴契爾主義悄悄的替英國社會進行一次

革命,這場革命戰爭的特質在於努力建構一個深入人民群眾的大改造、建構一個走向權威式政體的社會運動(陳光興 1988:74)。所以柴契爾主義所鑄造的不是「一種」論述,而是「一整套」的論述。

柴契爾夫人得以在1970年代末執政,是確切掌握了英國社會所浮現的矛盾與問題。在經濟蕭條、失業率上漲的狀態中,社會秩序逐漸陷入失調,柴契爾夫人認識到民眾恐懼不安定的社會心理,以恢復法律與秩序為號召,主動積極的爭取民眾的支持(陳光興 1992b: 150)。

但實際上,英國保守黨執政十多年來以私營化為最具體指標的財經政策,除了以犧牲其他重要社會利益換來較高生產力之外,很難說是對於「全民」有利。為何這樣的政黨可以打破記錄而長期執政呢?柴契爾政權盤據檯面十一年的原因有很多,但最主要的原因除了不合理的選舉制度之外[8],就要歸功於意識形態工作的部分成功了。藉著對於

個人、家庭、治安、競爭、安定等主題的闡
釋；藉著對於工會運動、社會福利造就懶
人、僵化的官僚尸位素餐等印象的全面抹
黑，柴契爾主義應該說是成功地鞏固、甚至
強化了「我方」的陣營。反觀與她對立的勢
力（左翼），在此猛烈衝擊之下，各持己見，
支流旁分而無法彙整做個有效的對決（馮建
三 1992:126-127）。

由此可知，柴契爾主義的成功在於解
構、置換既有的意識形態形構，發展出新的
社會共識以及描繪出未來美好的遠景。爲了
能夠徹底改造社會結構，柴契爾主義必須在
各個意識形態的場域中操作，確實的深入群
眾，將各種不同群體的利益吸納到她的藍圖
中。並且透過論述策略的包裝，柴契爾以貼
切於大眾的語言，組合成一套能夠多元吸納
不同社會主體的意識形態體系（陳光興
1992b: 150-151）

霍爾對柴契爾主義意識的分析所指出
的，不只是新右派反動的立場，同時更是英

國左傾工黨策略上的落後與保守。英國左派
無法認識主體認同的多樣性、矛盾性，無法
與大眾的生活經驗相構連，無法在不同的社
會層次中操作，無法組織不同群體的不滿，
也無法認識柴契爾主義已經將原有的政治認
同打破的事實（陳光興 1988:74）。這一切都
使工黨被遠遠的拋在後面。

　　柴契爾夫人的倒台並不意味著「柴契爾
主義」時代的結束，正如同雷根卸職之後並
不表示雷根主義時代的終結。在柴契爾執政
的十一年中，她所推動的各項政策徹底的重
新改造了英國社會的結構。對英國左翼份子
來說，柴契爾主義的最大「貢獻」即在於迫
使他們對英國社會提出全面性的反思（陳光
興 1992b: 147）。

　　柴契爾主義並沒有使左翼思潮陷入消沈
的僵局，反而更活躍起來，使得理論與思想
緊扣著社會變遷的脈動。霍爾表示：「了解
柴契爾主義，也許就是我們為了在馬克思主
義問題意識中的理論啟發上有一種真實的進

展，所必須付出的代價。」（Hall 1988a:57）
因此英國左翼分別從政治、經濟與意識形態
的切面對柴契爾主義提出解釋與分析。其
中，對柴契爾主義意識形態分析的焦點在於
──柴契爾主義如何能建構新的社會主體，
透過特定的戰略動員大眾的支持，以建立政
治、道德領導的基礎（陳光興 1992b:148）。
霍爾在觀察英國社會現況後，提出威權式民
粹主義的理論架構，即試圖以此來解釋柴契
爾主義的崛起以及其操作的方式。

二、人民民主vs.威權式民粹
主義

　　早在1978年霍爾即在《監控危機》
（*Policing the Crisis*）一書的分析中，精確地
預測出柴契爾主義的興起。該書指出從1960
年代中期起，英國社會中的「社會與政治勢
力的平衡」[9]已經逐漸改變，這指示出當時

工黨政府 [10] 執政下的社會民主共識正逐步瓦解，以及激進右派在柴契爾的光環照耀下日漸興起。組合主義式共識（工黨企圖穩定危機的政治形式）在內部與外部的壓力下崩解，然而勢力關係間的平衡，卻以一種介於共識與高壓之間的「不穩定的均衡」（unstable equilibrium）朝向「威權式」那端發展。在整個過程中，國家扮演了重要的「教育」角色。然而這種由「上」發動的改變卻是透過「民粹主義」來加以合法化。民粹主義的徵召具體化於一連串非關政治議題 [11] 的「道德恐慌」（moral panics）上，這使得威權統治能夠贏取民意（Hall 1988b:151）。

　　霍爾在1970年代後期以後對柴契爾主義的分析，以及拉克勞（Ernesto Laclau）對1930年代以後拉丁美洲民眾運動的分析，均分別提出權力集團／人民（Power Bloc / People）的策略性對立關係，相對於舊有國家／民間社會的「靜態」關係，也提供一個具有「運動性」的分析工具。這組關係並不

隱涉兩者之間「本質」的對立，以及內部的穩定性；權力集團之間具有不斷重組的關係，而人民的主體群也不斷的改變。換言之，這套概念是以主體的戰略位置爲其範疇上的焦點，而不以靜態空間（國家／民間社會）爲其分析的框架。更重要的是，這組對立關係的形成並非從理論出發，而是根據對社會現實的分析所提出的理論介入（史思虹 1989: 35）。

權力集團／人民不是一組孤立的概念，它存在的意義不是以簡單、化約的方式來呈現社會分析的基礎，而在於它暗中所牽涉的整套理論論述：馬克思的認識論（不同抽象層次的特定性）、葛蘭西的霸權理論、阿圖舍的泛層決定論及意識形態的召喚（ideological interpellation）、以及朴蘭查的威權式國家主義。透過對上述理論的重新解讀及具體歷史狀況的分析，拉克勞發展出構連理論的雛形及民粹主義的理論；而霍爾則推展出連接分析法[12]（conjunctural analysis）及威權式民

粹主義的架構（史思虹1989:35）。

(一)概念的發展

　　霍爾的「威權式民粹主義」
（authoritarian populism）的概念，最初是他
在拜讀過朴蘭查（Nicos Poulantzas）的《國
家、權力、社會主義》（*State, Power,
Socialism*）一書之後發展出來的。霍爾發現
他對英國社會的觀察與朴蘭查的論點有相似
之處，朴蘭查發現在資本主義發展的階段
中，國家對於每一社會—經濟生活領域的控
制度增強，同時伴隨著政治民主的急速衰
退，朴蘭查以「權威式國家主義」
（authoritarian statism）來稱述這種掩蓋了國
家與政治危機的現象。朴蘭查的概念強調的
是一種將高壓與認可一起使用的新組合，為
維持民主階級規則的外在形式之完整性，而
朝向政治光譜的高壓端傾斜；這種走向與階
級關係的改變有密切的關係，又與階級衝突
的普遍化以及其他形式的社會抗爭共同存

在。因此它代表了統治集團在資本主義式的
階級民主中，企圖建構霸權模式的基本改變
（Hall 1988b:151-152）。

　　但是霍爾也對朴蘭查的論點提出兩點修
正（Hall 1988b:152-153）：

(1)霍爾認為柴契爾主義其實是以「反國
　　家主義」[13]（anti-statism）的策略來
　　凸顯自己的主張（即應該限制國家管
　　轄的角色，拋棄以工黨為中心的組合
　　主義策略）。從柴契爾主義的運作可
　　知：它在意識形態方面反對國家主
　　義，但同時在操作層面上卻又是極端
　　的國家中心主義——建立政府的權
　　威。這種高度矛盾的策略，以許多新
　　方式反映於政治上，並且確實產生了
　　政治效果。

(2)霍爾認為朴蘭查忽略了一個重要的層
　　面：歷史集團在建構霸權以贏得民眾
　　認可的過程中，可以發動群眾的不

滿，中立化反對勢力，瓦解反對立
場，並且將一些人民意見中的戰略性
元素收編進入它的霸權計畫中。

　　根據這兩點奠基於朴蘭查洞見之上的修
正，霍爾提出「威權式民粹主義」的概念，
來描述這種走向宰制與威權形式的「民主的
階級政治」（democratic class politics）。

(二)「民粹主義」的理論位置

　　霍爾的「民粹主義」在理論層次上承續
了許多拉克勞的論述空間，他自承從拉克勞
的著作《馬克思主義理論中的政治與意識形
態》（*Politics and Ideology in Marxist Theory*）
以及《霸權與社會主義策略》（*Hegemony and
Socialist Strategy*）中受益頗多（Hall 1988b:
157）。因此藉由拉克勞對民粹主義的分析，
可以了解霍爾的民粹主義的理論架構。

　　民粹主義在過去的社會分析中是個非常
不清晰的概念，在不同的使用中，它指稱了

意識形態、運動、或政治現象。不論是哪種
說法，所共通的是對「民眾」、「人民」
（people）的指涉，因此一般的說法是，民粹
主義被定義爲超越階級區分，而訴求於「人
民」的政治運作。但是這種定義產生出一些
問題（史思虹 1989:36）：

(1)民粹主義論述事實上可以同時指涉
「人民」與「階級」而不必然與階級
無關。

(2)所有指涉「人民」的論述也不必然自
動地成爲民粹主義。

(3)「人民」是一個空洞的字眼，沒有確
切的指稱，任何政治論述都可能引借
人民之名——唯有將「人民」與特定
的矛盾點相連時，它才有明確的意
義。權力集團／人民對立概念的提出
也正是在掌握這個矛盾點。

　　由於馬克思主義視階級矛盾爲最基本的
結構時刻（moment），以便於發現各種孤

立、分散政治及意識形態特徵的統合性原
則,而陷入階級化約論[14]的困境中。這種困
境主要在於它混淆了不同的抽象層次,認定
不同層次中都具有相同的存在關係,透過先
驗式的預設徹底簡化了社會形成的複雜性;
更重要的是,它無法細緻的描繪社會運作的
構連邏輯。即使如此,拉克勞在放棄階級化
約論的同時,並未就此放棄階級的重要性。
他認為歷史過程的最後決定在於生產關係,
亦即階級;但是在定義階級為生產關係中敵
對關係的同時,並不表示這種關係在政治/
意識形態層次有必然的存在形式,亦即意識
形態層次的因素沒有必然的階級屬性(Hall
1988b:139)。從這裡,拉克勞導出幾個重要
推論(Hall 1988b:139-140):

　　首先,階級在政治/意識形態的層次
裡,存在的是構連的過程而非化約的過程。
階級如果能在意識形態的層次中呈現出來,
那麼它主要是透過意識形態的形式而非內容
來呈現,此形式的組合正是多種「意識形態

召喚」⁽¹⁵⁾ 的構連。拉克勞將召喚轉用於強調已經成形的主體是如何在民粹主義的運動中，被徵召（recruited）進入某種主體位置。例如，當柴契爾夫人對著群眾大聲呼喊：「讓『我們』為了恢復大英國協的光榮，一同抵抗入侵福克蘭群島的敵人」時，她其實在設定一個政治主體的位置，徵召英國民族主義的主體進入其間，「我們」也就是對一個潛在主體群的召喚、建構。總之，階級在意識形態層次上的呈現絕非生產關係的自然反射體，它是透過構連、召喚、徵召的過程，在特定空間中才會呈現出來。

其次，構連必須有非階級性的內容（召喚的主題與矛盾點），而這些內容也就提供了階級意識形態操作的基本素材。一個階級的霸權形成並不是因為它能將它的世界觀強加於整個社會，而是由於它的意識形態能夠召喚其他階級，構連了不同的世界觀、不同的利益，目的在於將對立階級潛在的敵意中立化。舉例來說，柴契爾在奪權之前的霸權策

略在於將工黨政府等同於權力集權，而將她
自己等同於人民；十九世紀英國中產階級的
成功在於中立化工人階級，將工人利益吸入
他們的訴求中。簡單來說，支配性階級透過
兩種同時運作的方式來建構霸權：a.透過構
連的過程將非階級性的矛盾與召喚納入其階
級性的論述；b.透過吸入的過程將被領導階
級的部分政治論述納入它訴求的內容。

　　復次，個人是不同矛盾累積的交錯點，
而這些矛盾不必然全是階級矛盾。從個人被
徵召為主體的過程中，階級矛盾的強度可能
經常為其他矛盾所遮蓋。因此雖然階級矛盾
佔有生產關係層次的優先位置來累積各種矛
盾，並且各種矛盾與階級矛盾有構連性的辯
證關係，但這並不能推論到階級所構連矛盾
群的呈現與被召喚的主體之間有必然的階級
關係及屬性。

　　釐清了「人民」在理論層次的位置後，
可知民粹主義乃是將人民民主的召喚，呈現
為一種相對於支配性意識形態的綜合性敵對

複合體（a synthetic-antagonistic complex）。
民粹主義的起點在於將人民民主的元素呈現
爲與支配集團的意識形態相抗的敵對（史思
虹 1989: 37）。

　　但是民粹主義並不經常具有「革命性」，
因爲支配階級也可能運用民粹主義的內涵來
重組其霸權的形式。因此拉克勞又依此將民
粹主義做了區分（史思虹 1989: 37-38）：

(1)支配階級的民粹主義：當權力集團面
　　臨危機而又無法在其結構內解決時，
　　其中的一種解決方式就是訴諸民衆，
　　發動民衆的敵意來對抗保守勢力，完
　　成霸權集團的再結構。在發動的過程
　　中，支配集團往往會限制其召喚的內
　　容，以免群衆走向不利於權力集團的
　　「民主」方向。

(2)被支配階級的民粹主義：在建立霸權
　　的過程中，被支配階級必須將人民民
　　主的意識形態與其自身階級的論述相

契合，使得綜合性的敵對複合體能夠
擴散到各個階級之中。例如反對資本
壟斷的同時，它必須同時堅持反權
威、反種族歧視、反性別歧視……
的人民民主立場，才能擴大其霸權建
立的層面。

(三)威權式民粹主義

由於拉克勞並未對傳統馬克思主義提出
更進一步的反省[16]，因此霍爾在接受他的理
論空間的同時，也在許多命題上提出批判性
的修正。首先，霍爾徹底反對傳統馬克思主
義上／下層區分的假說，他認為社會建築是
各個層次相互構連的結果，沒有任何單一的
層次佔有絕對的決定性；作為經濟環節之一
的生活關係在社會過程中「限制」，而非決定
了社會形成的方向。其次，拉克勞對論述理
論的過分依賴，導致他無法準確的分析事物
實際運作的邏輯。再來則是他經常忽略漫長
歷史的過程實際上建構了相當的階級屬性，

即使某些事物、符號、論述的階級屬性可能
被改變、重組，或是佔用（史思虹 1989:38-
39）。

　　霍爾所提出的理論與拉克勞的民粹主義
在本質上並無不同，只是在理論的範疇及強
調的重點上有所差異。拉克勞的民粹主義指
涉較爲寬廣，在其內部區分了支配者與被支
配者所動員的社會運動；而霍爾的定義則較
傾向於「負面」層次：他認爲民粹主義的動
員指向了國家主義導向的政治指導權。因此
他把威權式民粹主義與人民民主（popular-
democratic）在範疇上對立起來（史思虹
1989:39）：

　　(1)威權式民粹主義在操作層次上把「人
　　　　民」建構成民粹主義的政治主體，與
　　　　權力集團「在一起」，而非與其相
　　　　抗；在論述內容上，訴諸民眾的恐慌
　　　　以達成其高壓「法治」統治的合法
　　　　性；在形式上，以人民之名達成其維

　　持、重組、奪取霸權的政治效果，複
　　製國家中心主義的領導位置。

(2)人民民主則在使人民成為抗爭主體，
　　強調與權力集團之間的矛盾，動員人
　　民的的真正需求及不滿，以人民的需
　　求為依歸。在運動中面對各種歧視等
　　問題，不以奪權為目的而遮蓋這些矛
　　盾，並且徹底反對以國家為一切社會
　　事物的領導者，同時反對任何形式的
　　威權控制。

　　霍爾與拉克勞理論上最大的區分在於：
對後者來說，階級存在於生產關係的層次，
而人民民主的抗爭則存在於政治／意識形態
的層次，兩者之間一直存在著辯證的緊張狀
態；但對前者來說，階級鬥爭是人民民主抗
爭的一種形式，它與其它社會運動主體的關
係是相輔相成的，只有在同時面對各種形式
的宰制關係時，人民民主的政治才能落實
（史思虹 1989:39）。

　　值得強調的一點是，霍爾並不認為我們要從此放棄階級，而是指出各種抗爭主體的出現，必須透過其他分析層次才能較為完整的掌握「權力集團／人民」對立中的多重面向。這也正是霍爾一再堅持三條社會抗爭主軸的共生性：人種、階級、性別（史思虹1989:39-40）。

　　霍爾與拉克勞對於民粹主義的關切所顯示的，是馬克思主義的進一步發展。這也是自詡為後馬克思主義者（post-marxist）的霍爾，企圖超越教條馬克思主義、超越由歷史法則所保證的馬克思主義主張的必然性（Hall 1996b:148），在「階級」之外尋找新的社會主體、面對新的抗爭焦點，突破當代社會再結構後所造成的馬克思理論困境的努力。

三、新時代的意義

　　雖然英國共產黨在政治上從來就是輕量
級的小朋友，但英共多年來藉著《今日馬克
思主義》（*Marxism Today*）這本刊物，對於
左派理論與概念的修正與爬梳，發揮著可觀
的作用（馮建三 1992:106）。1988年十月《今
日馬克思主義》月刊發表系列論文，提出
「新時代」（New Time）的概念，企圖總結過
去對柴契爾主義的分析，並超越這個對立
面，以開拓更為寬廣的政治藍圖與策略（陳
光興 1992:148），這使得左派理論與思想能夠
緊扣社會變遷的脈動，並活化左派的分析方
式。

　　霍爾即開宗明義地說，所謂新時代可以
拿兩個指標加以衡量：後福特主義（post-
Fordism）與後現代主義（postmodernism）。

前者主要是在說明當前資本主義生產領域的
經濟特徵，後者所試圖說明的則是湧現的文
化現象之趨勢。本節擬先後就霍爾所論及之
後福特主義的內涵及後現代主義的概念輪廓
加以說明，再總結新時代的政治意義。

(一)後福特主義

　　十九世紀末，以美國為例，在龐大的、
有組織的資本主義體制中，廠商規模擴大、
結構複雜、功能分殊，造成調度與控制的困
難。另一方面，工頭雇傭解職的權力喪失，
而工人在工作場所的裁量權和決斷情形也逐
漸淡化。在大公司行號中，如何應用科學管
理有效促進工作進行的「泰勒主義」
（Taylorism）應運而生。將泰勒主義利用於汽
車集裝線上的有效操作方式，也即俗稱的福
特主義[17]（Fordism）跟著出現（洪鎌德
1998: 7）。

　　福特主義帶來三種意涵（洪鎌德1998:
7）：

(1)造成勞動市場的穩定：它本來在對抗
　工會的怠工、罷工，要求國家介入勞
　資紛爭。

(2)這種新的生產體系導致經濟成長，使
　工人收入增加、生活水平提高。

(3)大量使用機器，使工人的技術無用武
　之地，工作過程無聊，社會關係趨於
　孤立。

　　從另一方面來看，福特式的生產需要有
同質化、泯除獨特性的大眾消費形態以為配
合，才能與產銷連結在一起，推動整個體系
的進展。但是隨著福特生產模式在1960年代
發展到高峰，逐漸在內部（勞資對立漸趨尖
銳）與外部（消費者對同一樣式的大眾產品
的不滿）出現問題，而使得資本累積出現困
難後，新科技於是因運而生，以大量的機器
取代人工，試圖克服大量生產無法兼顧品味
的弊端（馮建三 1992: 107）。

　　面對社會改變的不同面向，許多嘗試著

描述這些現象的術語如「後工業」、「後福特」、「主體的革命」及「後現代主義」等的辯論因而產生。例如，杜赫尼（Alain Touraine）與高茲（Andre Gorz）等探討「後工業」的學者，在工業資本主義生產的技術組織中，從古典的規模經濟、勞動程序的整合、完善的分工、以及工業的階級衝突等改變上，預見出一種朝向新生產制度的轉變——以社會結構與政治為目的之必然結果。即使他們的論點引起廣泛的批評——落入一種科技決定主義的窠臼，但他們的觀點著實揭露出現代工業生產制度中，正在改變的社會與技術景象（Hall 1990:117）。

「後福特主義」是一個廣泛的用語，指的是一個不同於大眾生產年代的全新紀元，它不同於大眾生產的標準化產品、資本的集中以及工作組織與紀律的泰勒主義式的形式。雖然對於後福特主義是否實際存在、若存在，它到底是什麼、以及它如何在單一經濟體中擴展或橫跨於以西方為主的先進工業經

濟體中的辯論仍在蔓延中，但大部分的評論
家都同意「後福特主義」至少包含以下幾項
改變的特徵（Hall 1990:117-118）：

(1)以化學與電子為基礎的科技，發生了
新「資訊科技」（information
technologies）上的轉變，這些科技過
去引發了第二次工業革命，雖然使美
國、德國與日本的經濟發展達到了領
先的地位，但卻使英國的經濟相對地
倒退與開始衰弱。

(2)勞動過程與工作組織，朝向一種更為
彈性的「特殊化」與「去中心化」
（decentralised）形式的改變，其結果
就是造成舊有製造業基礎的衰微與電
腦基礎、高科技產業的成長。

(3)一種分散式（hiving-off）或不受限制
的機能與服務，在團體的基礎上提供
了「在家」工作的形態。

(4)消費扮演著領導的角色，這個現象反

映了從生活方式、品味與文化上，而
不是從社會階級在戶籍登記處的類目
上，來強調選擇與產品差異、行銷、
包裝與設計以及消費者目標。

(5)從事技術性的、手工的男性工人階級
在比例上出現衰落的情形，而從事服
務業與白領階級的比例則相對提升。

(6)在薪金工作本身的領域中，出現了彈
性更大的上班時間以及兼職的工作，
這情形與工作勢力的「女性化」與
「種族化」連結在一起有關。

(7)多國籍企業以它們的國際化分工以及
它們在民族國家（nation state）的控
制下獲得的更多自主性，而主導著經
濟。

(8)具有新財經市場的全球化傾向。

(9)出現社會分化（social divisions）的新
模型—特別是在「公共」與「私人」
部門之間，以及在三分之二擁有未來
期盼的人與三分之一的「新貧族」

（new poor）與下層階級之間（此三分之一的人在社會機會的每一個重要面向上都遠遠落後於其他三分之二的人）。

「後福特主義」雖然大部分涉及經濟組織與結構的問題，但它擁有更廣大的社會與文化重要性。例如後福特主義也標示出更大的社會斷裂（fragmentation）與多元主義、舊有集體團結與集體認同的虛弱、新認同的出現、以及透過個人消費所產生的個體選擇之極大化，這些都是轉變至後福特主義時同等重要的面向（Hall 1990:118-119）。

霍爾強調後福特主義並不是一個經濟決定論，也不帶有任何這樣的暗示。「後福特主義」是仿效早先葛蘭西使用「福特主義」一詞的用法，意謂著在本世紀的轉變上，資本主義文明的全面變遷。同樣的，葛蘭西並未將福特主義只化約為經濟基礎的一種現象（Hall 1990 :119）。

(二)後現代主義

　　對霍爾而言，「後現代主義」是我們在1900年代以後，對於舊有的確定性開始遭遇問題之後所給予的通用稱謂（Hall 1996b: 134）。因此，在所有代表「新時代」文化特質的術語中，「後現代主義」堪稱是最適切的術語了。在「現代主義」被馴服而成為博物館中的陳列品、成為前衛菁英（avant-garde elite）的保存品時，它已經背離了它的革命性與「民粹主義的」衝力。相反的，後現代主義對於將美學滲透於日常生活之中，以及庶民文化優於高級藝術（High Arts）等論點推崇備致。在哲學方面，幾位後現代主義理論者如李歐塔（Jean-Francois Lyotard）、布希亞（Jean Baudrillard）及德希達（Jacques Derrida）均引證歷史的抹殺、現今穩定意義的滑動、差異的增殖，以及李歐塔所宣稱的：進化、發展、啟蒙運動、合理性、以及真理這些西方哲學與政治基礎的

「大敘述」（grand narratives）之終結（Hall
1990:121-122）。即使這些理論者的看法有某
些雷同，但霍爾仍認為「一個全新及統合的
後現代狀況」是不存在的（Hall 1996:133）。

　　另外，詹明信（Fredric Jameson）也提
出一個具有說服力的論點：後現代也是「資
本的新文化邏輯」──在資本最純粹的形式
尚未浮現時，一種伸展至迄今尚未商品化區
域的巨大擴張。霍爾認為他的論點提醒了我
們，在我們試圖將改變中的文化動力特徵化
時，這些文化動力正明確地與現代資本的革
命性活力連結在一起[18]。要之，「後工業主
義」、「後福特主義」、「後現代主義」全都
是以不同方式，同樣嘗試著特徵化或解釋這
種現代性與資本主義之間連結的動態性恢復
的景況（Hall 1990:122）。

　　霍爾重申，若後福特主義是存在的，那
麼文化改變的描述應該與經濟改變的描述一
樣多。文化已經不再是生產與事物的「惡劣
世界」的裝飾性附加物或物質世界中蛋糕上

的糖衣。文化這個字現在與所處的世界一樣是「物質的」。透過設計、科技與命名（styling），「美學」已經滲透到現代生產的世界；透過行銷、陳列與格調，「印象」（image）提供了許多現代消費者所依賴的本體再現（表述）與本體的虛構式敘事化的方式。現代文化在它的實踐與生產方式上是無情地物質的，另一方面，商品與科技的物質世界則是深刻地文化的。年輕的白人或黑人，即使拼不出「後現代主義」這個字眼，但卻都是生長在電腦科技、搖滾錄影帶與電子音樂的時代中，這些已經深深地佔據在他們的腦海中（Hall 1990:128）。

(三)新時代的政治含意

「新時代」不是、也從未想要成為一種位置（position），有些批評將「新時代」解釋成一種界線或教條，這是誤解了它的含意。新時代的目標是為了更了解這個世界，以及在這個基礎上使左派能再與這個新世界聯合

成同一聯盟（Hall & Jacques 1990:11）。

　　新時代的要旨在於這個世界已經改變，而且是在質上而非量上的改變，英國與其他先進資本主義社會逐漸產生多樣性、分化與斷裂的特徵，而不是同質性、標準化與規模經濟與組織等特徵的現代大眾社會。這就是所謂的從「福特主義」轉變到「後福特主義」的本質。在經濟術語中，這個轉變的主要特徵在於「彈性的特殊化」（flexible specialisation）取代了舊有大眾生產的裝配線世界。然而，並不能因為這樣就以狹隘的意義，將它完全視為一種經濟發展。就像福特主義所呈現出來的不只是經濟組織的一種形式，而是一整個文化——葛蘭西在「美國主義與福特主義」中所聲稱的先進資本主義文明的新紀元——所以後福特主義也是一種更為廣大與深層的社會及文化發展的速記（Hall & Jacques 1990:11-12）。

　　就左派而言，「新時代」是一個把柴契爾主義與其世界撬開的方案。可以很清楚地

看出來的是，柴契爾主義比左派早更擁有較
為強烈的新紀元改變感，這可從柴契爾主義
對舊有戰後和解的決裂，或是從更多斷裂的
與富於變化的社會及文化看出端倪。其結果
是，柴契爾主義尋求將這個新世界據為己
用。在意識形態上，它宣稱「社會主義已
死」、「市場決定一切」）；在物質上，它透
過政策與實踐使柴契爾主義式的變化隱然成
形；以及在文化上，企圖宣傳一種新企業家
的（new entrepreneural）文化（Hall &
Jacques 1990: 15）。

　　同樣的，「新時代」方案的野心不只是
要使新世界具有意義（將後福特主義的趨向
與限制挪用過來、闡明新興的後現代文化、
了解社會中的新認同與政治主體），也要提供
一些參數給左派的新政治、一個超越柴契爾
主義的政治（Hall & Jacques 1990:15）。

　　霍爾強調，對於新時代的討論並不只是
把目標放在了解它而已，還要為新時代產生
一種前進的觀點。柴契爾主義將新時代表現

成一種深遠的反動安定，當它以選擇、自由
與自主的語言來發言時，柴契爾主義的社會
逐漸成為具有不平等、分化與威權主義等特
徵的社會。當一部分的柴契爾主義開始現代
化時，另一部分卻總是向後退的，因此總觀
地來說：英國在本質上是倒退的。從新時代
的觀點來看，柴契爾主義越來越呈現出一種
沈重的與時代的錯誤（Hall & Jacques 1990:
16-17）。

　　然而這並不是說新時代就必須或必然地
是個「好時代」（good times）。無條件式的樂
觀主義跟一種未經思考和未經緩和的悲觀主
義一樣危險，因為兩者都沒有將歷史的矛盾
運動（contradictory movement）充分地列入
考慮。霍爾提醒道：「畢竟新時代仍然是個
以資本主義為主的新時代，它依舊沒有超越
所有資本主義的基本週期（rhythms）與趨
勢。」（Hall & Jacques 1990:17）

　　新時代的另一個重要特徵是敵對與抗拒
位置的產生，以及新主體、新社會運動、新

認同的出現──一個為了政治的操作而擴大
的領域，以及將改變作為目標的新選民
（new constituencies）。但上述這些特徵並不
容易被組織起來而成為任何單一以及連貫的
集體政治意志。新的社會敵對位置產生之
後，使得建構一個反霸權的統一勢力，以及
期望它成為進步與改變的行動體（agency）
變得越來越難。再者，因為改變的擴散方式
與路徑是如此地不平均，所以這類需要將已
經改變的新舊選民統一起來的政治策略問
題，就變得非常複雜了（Hall & Jacques
1990:17-18）。

　　簡而言之，新時代與創造一個新世界有
關。關於左派對新時代論述所作的努力，都
呈現出英國左派為了解自身所進入的新紀
元，而描繪的一些起點，提供一個參考架構
的企圖。

註釋

〔1〕 1981年，由於不滿工黨過左及保守黨過右的兩極
現象，部分工黨國會議員脫離工黨另立社會民主
黨（Social Democratic Party）。參見甘逸驊，
1995:106-107。

〔2〕 在布萊爾於1994年當選黨魁之後，就致力於改革
路線，希望擺脫工黨傳統單一的工會形象，使它
更接近大眾的理想。因此他抱持著「中間偏左的
政策將主導英國政治思想的戰場」的信念，提出
修正黨綱等變革策略。參見甘逸驊，1995:111-
112。

〔3〕 在英美國家中「新右派」又被稱爲新保守主義
（Neo-Conservatism），主張國家的職責在於對社會
提供一個法律架構、保證法律和秩序有效、保護
國家領土不受外來侵略、堅持某些傳統道德價值
應該有更多的干預；但是在建構經濟體系、指導
與管理生產活動、重新分配所得三方面上，國家
則應該減少干預。參見Dunleavy & O'Leary, 1994:
8-9。

〔4〕 在1916-1926年間，英國工會（trade union）與雇
主協會（employer associations）第一次和國家建
立起密切關係，以尋求勞資和諧，以及允許這些
團體分享權力避免衝突，使主要利益團體包容進

政府過程成為統治制度的一部分（Ham & Hill
1984:37）。對於這種國家角色凸顯和主要利益團
體間，彼此在政策過程中採取合作、協商的方
式，經由法律規定來解決資本主義國家困境的結
構關係與制度安排，一般稱之為「團合／組合主
義」（corporatism）。參見陳宗澔，1989:7。

〔5〕這是美國新保守主義者歐文‧克里斯托（Irving
Kristol）對於「自由主義建制」所提出的批評。
詳見水秉和，1988:67。

〔6〕以傅利德曼（Milton Friedman）為首的貨幣學派
駁斥凱因斯式的經濟理論，認為以政府介入經濟
活動的方式，以及透過政府的赤字預算來提高總
體需求，企圖掌控失業率和通貨膨脹率是行不通
的，即使短期間能發揮效果達成其目的，但就長
期而言該效果也會消失。過多的貨幣流通只會導
致通貨膨脹，因此政府的貨幣政策應遵循某個固
定的貨幣供給增加率法則，只要提供穩定的貨
幣，經濟自然就會穩定。參閱張清溪、許嘉棟、
劉鶯釧、吳聰敏，1991:249-251。

〔7〕國內學者陳光興將populism譯為「人民主義」，筆
者在本文中採用該字在政治學中的用法，譯為
「民粹主義」。

〔8〕英國以「先過為勝」制（first-past-the-vote）而不
是比例代表制（proportional representation）的方
式選舉國會議員，這種方法有利於傳統的大黨

　　派，有利於形成兩黨政治，但容易造成有選票而
　　無代表的情形發生。參見馮建三，1992:126。

〔9〕 葛蘭西稱之爲「勢力的關係」(the relations of
　　force)。

〔10〕 當時在位的工黨首相爲卡拉漢（James
　　Callaghan）。

〔11〕 如種族、移民、法律與秩序、社會的混亂等。

〔12〕 即霍爾的構連理論。

〔13〕 霍爾認爲「反國家主義」的策略並不是拒絕透過
　　國家來操作；而是認爲國家的角色應有所限制，
　　透過將自己在意識形態上呈現爲反對國家的嘗
　　試，以達成發動人民的認同之目標。參見Hall,
　　1988b:152。

〔14〕 馬克思主義在對民粹主義運動進行分析時，經常
　　面臨到階級化約論的困境。化約論者認爲在下層
　　結構中生產關係的矛盾與上層政治／意識形態結
　　構的階級存在的形式有必然的對應關係，也就是
　　說政治／意識形態的因素有其必然的階級屬性，
　　只有透過這些因素，階級才能在上層結構中表現
　　其眞正的本質。參見史思虹，1989:36。

〔15〕 拉克勞的意識形態召喚說採自阿圖舍對拉康心理
　　分析的理解。「召喚」是透過心理分析的過程，
　　社會主體在一連串多重、矛盾的主體定位
　　(subjct-positions) 中被構造出來；個人的多重位
　　置、角色，在特定的歷史時空中，其內部暗含的

某種因素在召喚的過程中被抽離出來，而形成主體。參見史思虹，1989:36-37。

〔16〕拉克勞並未挑戰上／下層建築的譬喻，沒有挑戰「階級」是否僅由生產關係就能導出，沒有挑戰歷史過程是否真像阿圖舍所說的「終究」由生產關係來決定。

〔17〕福特主義為汽車大王亨利‧福特（Henry Ford, 1863-1947）的主張，他擴大泰勒主義，使科學的企業管理由生產集裝線擴大至市場的產銷結構。也就是：a.循環轉動的集裝線之生產方式；b.產品標準化、規格化；c.抬高工資，防止工人跳槽；d.以產品低價格、廣告、信貸促銷。福特主義是葛蘭西對福特作法的稱呼。參見洪鎌德，1998:15。

〔18〕現代資本的革命形式不同於以往被稱為「最高階段」的資本，如帝國主義、組織的或組合的資本主義，甚至比「晚期資本主義」的發展還晚。參見Hall, 1990:122。

第六章
結　論

一、理論回顧

　　簡要地說，霍爾的理論架構奠基在「沒有保證的馬克思主義」上，這種理論強調理論的開放性，反對經濟決定論、階級化約論、本質主義（Essentialism）、理論主義（Theoreticism）、菁英主義，以及歷史階段的必然性（陳光興 1992b:143）。

　　此外，霍爾的理論可以說是在堅持歷史與理論不斷辯證中的產物，他的理論精華大致可分為三個部分，以下分別做簡短說明。

1. 構連理論

　　霍爾認為社會群體間的不斷鬥爭與相互碰撞，可以使不同的組成分子之間連結起來，而且某些社會實踐可以構連起來，以達到創造與其他社會勢力連接起來的可能。因

此所謂一個論述的「統一」（unity），實際上是不同的、相異的元素之構連，這些元素可以用不同的方式重新構連，因為它們並無必然的歸屬。「統一」之所以重要，在於它是該構連的論述與社會勢力之間的一個環節，藉此，它們可以，但非必然地結合起來。因此，一種構連理論既是理解意識形態的元素如何在一定條件下，在某一論述內統整起來的方式；同時也是一種詰問它們如何在特別的時機上，成為或不成為與一定政治主體構連的方式（Hall 1996b:141-142）。

2. 意識形態

　　沿襲阿圖舍理論的精義，霍爾認為意識如同一塊田野、一塊衝突爭戰的基地，但是這塊基地並不是完全開放的，所有參加角逐的力量，也不是完全平等的。意識形態的作用有如鍊條一般，將成群的組成分子「構連」到特殊的社會位置上，因此它的運作在社會主體異同的建構中，就扮演了極其重要的角

色。因為所有的社會實踐都必須透過意識形
態才能呈現，人也不可能活在意識形態之
外，但是這並不表示所有的社會實踐都必然
是意識形態的，更不表示活生生的社會經驗
或是社會關係，與它們意識形態的再現之間
存有一對一的對應關係。霍爾強調主體的形
成以及所佔有的社會地位，絕對不只是客觀
社會結構及社會關係的結果，這也正說明了
意識形態的可變性。將意識形態定義為一塊
爭鬥田野，也就是要承認這個世界的意義是
「被」製造的，而被製造的意識形態也經常是
「權力」與反抗鬥爭的基地（陳光興 1992b:
144-145）。

3. 霸權理論

　　霍爾1970年代以後的論著，深受葛蘭西
「霸權」觀念的影響，因為霍爾認為只有透過
這個觀念，才能更深入的描繪出當代資本主
義的權力關係。他認為霸權不能僅被了解為
文化或是意識形態上的收編，而是歷史集團

的形成過程。歷史集團必須能在不同的社會及政治領域中取得主導地位：在這個活動空間中，若是群體必須「被」允許發展它們自己的活動，但是經常受限於某些範圍、某些框架之中。因為霸權的取得過程中，必須運用大眾既有的「通識」（common sense），才能贏得支持與認可。故歷史集團的真正工作，就在於如何創造一種新的通識，以便完成其「歷史任務」（陳光興 1992b:145）。

二、理論應用

1. 媒體研究

　　由於霍爾體認到先進工業國家的社會秩序，絕對不是靠「高壓手段」或武力來維持，而是從持續的意識形態鬥爭中，所贏得的文化共識。因此他認為反對者應當持續抗

爭，並且必須提出更能為大部分社會所接受
的意識形態。所以反對者要求取勝利，首先
必須了解現有社會體系是如何建立並贏得意
識形態的共識。從這個角度來看，大眾傳播
媒體即扮演著關鍵性的角色。

　　霍爾在媒體方面的研究，將媒體研究由
傳統典範之研究擴展為另一種視域，同時也
有別於其他馬克思主義典範下的媒體批判研
究[1]。霍爾拒絕機械式的決定論，不認為政
治經濟結構可以直接影響意識形態的內容，
也不認為閱聽人必然會成為意識形態的俘
虜，因為閱聽人的解碼可能完全符合主流意
識形態的偏好閱讀（preferred reading）方
式，也有可能是協商的解碼立場，甚或是反
對式的解碼立場。

　　霍爾總結媒體在現代資本主義社會中，
所扮演的意識形態構連角色與效果為（Hall
1977:340-342；張錦華 1994:148）：

　　(1)選擇性地建構社會知識與社會意象：

霍爾認為媒體的角色已絕非中立或被動地「傳遞」訊息。霍爾從人種學的角度強調媒體主動選擇訊息、賦予意義、塑造社會形象。透過這個媒體編織成的意象世界，我們得以感知並理解世界，而且以想像的方式將他人和我們的生活重新建構到某些可以理解的「整體的世界」，多數人得以藉此了解社會各部門之間的關係，這是一個論述的範疇，因為社會上必然有其他不同的論述存在。

(2)形成規範，反映多元特性：媒體不但建構社會知識，更將其分類、排比、褒貶善惡，區分正、反常，賦予規範及價值涵意。媒體工作者從事意義的構連時，既含有主動性，亦含有被動性，因為媒體在「偏好意義」和解釋架構中進行社會知識的傳送，媒體的分類、解釋架構與情境定義影響了人們對世界的認識與感知。因此「媒體

反映社會事實」或「媒體是社會的反
光鏡」等說法，忽略了媒體所扮演的
主動創造角色。

(3)塑造共識與合法性：媒體把所建構、
分類、價值化的知識，選擇性的再現
與組織在一起，形成一個想像的凝結
體與公認的秩序，形成所謂「共
識」，也取得了論述的「合法性」。在
這個過程中基本上是互動的，亦即媒
體工作者依據某種特定的「合法性」
與「共識」而運作，其運作邏輯也強
化了該共識與合法性。

2. 政治研究

　　霍爾多年來對於柴契爾主義的觀察與分
析，其主要目的是為了從柴契爾主義的成功
與失敗之處，省思身處在資本主義社會的現
實中的左派理論的解釋性。他認為，作為一
股有組織的意識形態勢力的柴契爾主義，著
實扮演著一個將大眾意識形態（popular

ideology）領域與右派緊密構連的重要角色，
它成功的多項關鍵在於它廣泛的訴請與「共
同感觸」（common touch）、它所參考的包含
範圍（如它將道德、哲學與社會的主題，以
不是正式思考政治的方式，濃縮進入它政治
的論述中）、它穿透傳統工人階級與資產階級
意識形態形式的能力、以及採用許多忽視意
識形態對立的主題（Hall 1988b:141）。柴契
爾主義直接對大眾的意識形態領域發生效
用。

　　霍爾詳細地分析了柴契爾主義所採取的
策略——推翻「社會民主的共識」，以逐行扭
轉英國社會主流趨勢的企圖。柴契爾主義在
意識形態鬥爭的各個戰線上取得了優勢，是
它獲勝的主因。它在上層發動策略後，更強
調向下層積極地爭取民眾支持，霍爾將這種
深獲民心的新式保守主義稱爲「威權式的民
粹主義」。霍爾透過他對社會各層面的觀察，
提出「威權式民粹主義」的理論概念，來說
明柴契爾主義運用策略成功的前因與後果。

霍爾建構理論的努力，欲使馬克思主義的社
會分析層次不僅僅侷限在「階級」之上，因
為各種新的社會抗爭主體的出現並不意味著
「階級」的死亡。

　　另外霍爾對於「新時代」特徵的闡述，
正標示著一批左派知識分子對於重拾「理論
霸權」的野心。以往左派勢力在面對新右派
的強勢所表現出來的軟弱與分裂，著實讓左
翼的勢力一直無法有效匯流而產生實質的影
響力。時序進入1990年代，要跨入二十一世
紀的歷史時刻，「新時代」的意義對左翼份
子更顯得十分重要。

　　霍爾認為「後福特主義」與「後現代主
義」分別代表著新時代的經濟與文化現象，
雖然霍爾也承認一些新時代的特徵在某些地
方並未出現，或者仍然生活在「福特主義」
甚或「前福特主義」的形式之下（Hall &
Jacques 1990:12），但是後福特主義仍不失為
一個身在改變的前緣，逐漸調整社會趨勢以
及提供文化變遷之主流節奏，跨入新紀元的

參考架構。

3. 小結

「我對理論本身並不感興趣，我所感興趣的是不斷理論化（theorizing）」（Hall 1996b:150）霍爾所說的這句話，最足以顯示出他多年來不斷和各種化約理論對抗的決心與努力。霍爾在理論上的貢獻，特別是他對於社會運作、人類行為所做的反省與批判，均可以促使我們警覺到權力結構可能正以各種明顯的或隱含的方式束縛著人類的活動。

即使霍爾先前並不認同後現代主義，甚而對後現代主義有些敵意，但是他所致力的批判工作卻可以和一些後現代主義的主張相互銜接，因為權力的運作並非侷限於政治、經濟的架構中，而是延伸到廣大的日常生活領域中。後現代主義與文化研究兩種論述形構之間的最大不同點在於，文化研究拒絕放棄馬克思主義，或是更精準地來說，拒絕放棄馬克思之名（陳光興 1992c:107）。但是當

我們進一步的探究文化研究的「後馬克思主義」與後現代主義的後馬克思主義時，似乎並沒有那麼不同。霍爾指出（Hall 1996b: 148-149）：

> 我是一個「後馬克思主義者」的意義僅在於我認識到必須要超越教條馬克思主義，超越馬克思主義可以為歷史法則所保證的概念。但我依然在我所理解的馬克思主義立場的論述限制中操作……對我來說，「後」的意義在於，從已經建立起來的一組問題、一個問題意識的基礎上不斷思索問題。這並不意味著放棄那個場域，而是將它當作思索的參照點。

　　從霍爾所言可知，即使他已意識到馬克思主義立場的論述有所限制，但他仍然在這個限制中操作，並且不斷使用馬克思主義為思索問題的觀照點。對他而言，邁入「後」馬克思主義只是為了超越教條馬克思主義，而

非放棄馬克思主義。由於霍爾始終對馬克思
主義有所堅持，執著於馬克思主義的架構，
難免造成他在理論上的侷限性，因為霍爾所
探討的權力結構仍無法超出上、下層結構的
範圍。霍爾的理論中心植基於馬克思主義的
論點上，希望透過修正和闡釋上、下層結構
間的關係，避免人們以極端的決定論觀點和
經濟化約論來理解先進資本主義社會的複雜
現象。但這對於諸多出現於後工業社會中的
社會問題來說（如官僚組織、性別宰制、科
技、環境污染問題等），並無實際上的關連
性。就像其他的馬克思主義者一般，霍爾也
想努力地解決馬克思主義解釋範圍的有限性
與困境，但霍爾的研究理論所表現出來的是
一個融合著許多學派的複合體（具有多種馬
克思主義以及符號學的概念），雖然可以將之
置放於馬克思主義的理論架構之下，但是霍
爾在引用他人理論的同時，卻也針對該理論
提出相當的批判與修正（如同在本書第三章
第三節中霍爾對阿圖舍意識形態理論的引介

註釋

〔1〕 張錦華將以馬克思主義爲架構的傳播批判理論分
爲三種：1.政治經濟學觀點 ── 主要論點在於既
有經濟及政治制度會直接決定並影響媒體的運作
及功能；2.假意識觀點與文化工業論 ── 假意識
理論除了肯定經濟結構決定媒體意識形態的表現
外，同時包含了媒體意識形態具有決定閱聽人意
識形態能力的決定關係；3.主控（dominant）意識
形態分析 ── 即霍爾領導下的文化研究取向，認
爲媒體是在間接與潛意識之中，透過傳播的各種
形式結構、專業義理或例行實務，複製主控意
識，成爲統治階級的一環。參見張錦華，
1994:10-16。

參考書目

一、中文部分

1.書籍

李超宗

1989　《新馬克思主義思潮》，台北：桂冠圖
　　　　書公司。

洪鎌德

1995　《新馬克思主義與現代社會科學》，台
　　　　北：森大圖書公司。

1996　《跨世紀的馬克思主義》，台北：月旦
　　　　出版社。

1997a　《社會學說與政治理論 —— 當代尖端
　　　　思想之介紹》，台北：揚智文化事業公
　　　　司。

1997b　《馬克思》，台北：東大圖書公司。

1997c　《馬克思社會學說之析評》，台北：揚智文化事業公司。

1997d　《人文思想與現代社會》，台北：揚智文化事業公司。

徐崇溫

1994　《西方馬克思主義》，台北：結構群文化事業公司。

陳光興

1992a　〈英國文化研究的系譜學〉，《Cultural Studies：內爆麥當奴》，陳光興、楊明敏編，台北：島嶼邊緣雜誌社，頁7-15。

1992b　《媒體／文化批判的人民民主逃逸路線》，台北：唐山出版社。

陳學明

1995　《新左派》，台北：揚智文化事業公司。

1996　《文化工業》，台北：揚智文化事業公司。

馮建三

1992　《資訊‧錢‧權：媒體文化的政經研
　　　究》，台北：時報文化出版公司。

張清溪、許嘉棟、劉鶯釧、吳聰敏

1991　《經濟學 —— 理論與實際》（下冊），
　　　二版，台北：雙葉書廊有限公司。

張錦華

1994　《傳播批判理論》，台北：黎明文化事
　　　業公司。

黃瑞祺

1996　《批判社會學 —— 批判理論與現代社
　　　會學》，台北：三民書局。

彭贊

1993　《阿圖塞思想新探》，台北：唐山出版
　　　社。

蔡源煌

1996　《當代文化理論與實踐》，台北：雅典
　　　出版社。

歐陽謙

1988　《西方馬克思主義的文化哲學》，台

北：雅典出版社。

Anderson, Perry著，高銛、文貫中、魏章玲譯

1991　《西方馬克思主義探討》，台北：久大文化、桂冠圖書公司聯合出版。

Bocock, Robert著，田心喻譯

1994　《文化霸權》，台北：遠流出版事業公司。

Fisk, John著，張錦華譯

1995　《傳播符號學理論》，台北：遠流出版事業公司。

Grossberg, Lawrence著，曾旭正譯

1992　〈轉變中的閱聽眾研究範例〉，《Cultural Studies：內爆麥當奴》，陳光興、楊明敏編，台北：島嶼邊緣雜誌社，頁48-66。

McLellan, David著，施連忠譯

1994　《意識形態》，台北：桂冠圖書公司。

Morley, David著，馮建三譯

1995　《電視，觀眾與文化研究》，台北：遠流出版事業公司。

Roberts, C. & Roberts, D.著，賈士蘅譯

1986 《英國史》，初版，台北：五南圖書公司。

Severin, Werner J. & Tankard, James W.著，羅世英譯

1992 《傳播理論：起源、方法與應用》，台北：時英出版社。

2. 期刊論文

水秉和

1988 〈新保守主義的興起與衰落〉，《當代》，第二十三期，頁66-73。

甘逸驊

1995 〈英國工黨與布萊爾改革的影響〉，《美歐月刊》，第10卷第8期，頁103-121。

史思虹

1989 〈人民主義──超越國家／民間社會的新焦點〉，《中國論壇》，第336期，頁34-42。

洪鎌德

1998　〈世紀杪「先進社會」的樣貌與窘
態〉，《哲學與文化》，第25卷第1期，
頁2-16。

洪鎌德，黃德怡

1994　〈葛蘭西國家觀的析評〉，《中山社會
科學學報》，第8卷第2期，頁1-40。

孫紹誼

1995　〈通俗文化、意識形態與話語霸權〉，
《當代》，第114期，頁68-89。

陳光興

1988　〈花園裡的癩蛤蟆 —— 史都華・霍爾
分析英國新右派柴契爾主義〉，《當
代》，第24期，頁66-77。

1992c　〈在「後現代主義」與「文化研究」
之間〉，《台灣社會研究季刊》，第12
期，頁85-116。

1997a　〈霍爾：另一種學術知識分子的典
範〉，《當代》，第122期，頁20-23。

1997b　〈流離海外知識分子的歷史軌跡〉，唐

維敏譯，《當代》，第122期，頁24-
49。

Allan, Robert C.著，鍾珮琦譯

1995　〈我在對這群人說話嗎？——電視正
文與接受理論的思辯〉，《當代》，第
110期，頁34-41。

陳宗澔

1989　《團合主義之研究—歐洲各國之經驗
與展望》，淡江大學歐洲研究所碩士論
文。

陳新裕

1989　《「柴契爾主義」與英國政治》，淡江
大學歐洲研究所碩士論文。

鍾起惠

1996　〈本土批判傳播研究論述回顧與前
瞻〉，《傳播文化》，第4期，頁67-
95。

謝國雄

1984　《文化取向的傳播研究——雷蒙·威
廉斯論點之探討》，政治大學新聞研究

所碩士論文。

二、外文部份

Althusser, Louis

1969　*For Marx,* Ben Brewster(trans.), London: Allen Lane.

1984　" Ideology and Ideological State Apparatuses" , in *Essays on Ideology,* London: Verso, pp.1-60.

1990　"Theory, Theoretical Practice and Theoretical Formation: Ideology and Ideological Struggle" , in Gregory Elliott(ed.), Ben Brewster et al.(trans.), *Philosophy and the Spontaneous Philosophy of the Scientists & Other Essays,* London: Verso. pp.1-42.

Althusser, Louis & Balibar, Etienne

1977　*Reading Capital,* Ben Brewster(trans.), London: New Left Books.

Anderson, Perry

1976 " The Antinomies of Antonio Gramsci", in *New Left Review*, No. 100 (Nov. 1976-Jan. 1977), pp.5-78.

Beger, Arthur Asa

1995 Cultural Criticism: *A Primer of key Concepts,* Thousand Oaks: Sage.

Bergesen, Albert

1993 "The Rise of Semiotic Marxism", in *Sociological Perspectives,* 36(1), pp.1-22.

Carey, James W.

1989 *Communication and Culture: Essays on Media and Society,* Lonon: Unwin Hyman.

CCCS(Centre for Contemporary Cultural Studies)

1972-74 *Centre Reports,* University of Birmingham.

Coward, R. & Ellis, J.

1977 *Language and Materialism,* London:

Routledge & Kegan Paul.

Dunleavy, Patrick & O'Leary, Brendan

1994 *The Theories of the State,* London: Macmillan Press, 7th ed.

During, Simon

1993 "Editor's Introduction", in Simon During(ed.), *The Cultural Studies Reader,* London: Routledge, p.9.

Gamble, Andrew

1988 *The Free Economy and the Strong State: The Politics of Thatcherism,* London: Macmillan Press.

Golding, Peter & Murdock, Graham

1996 "Culture, Cummunication and Political Economy", in James Curran, Michael Gurevitch(eds.), *Mass Media and Society,* London: Arnold, 2nd ed., pp.11-30.

Gramsci, Antonio

1971 *Selections from the Prison Notebooks*

（簡稱SPN）, Q. Hoare & G. Nowell-Smith(eds.), London: Lawrence & Wishart.

Grossberg, Lawrence

1985   "Hall, Stuart", in Robert A. Gorman (ed.), *Biographical Dictionary of Neo-Marxism,* Westport, CT：Greenwood Press, pp.197-199.

1991   " Strategies of Marxist Cultural Interpretation", in Robert K. Avery, David Eason(eds.), *Critical Perspectives on Media and Society,* New York: The Guilford Press, pp.126-159.

1993   "The Formations of Cultural Studies: An American in Birmingham", in Valda Blundell, John Shephert and Ian Taylor(eds.), *Relocating Cultural Studies,* London：Routledge, pp.21-66.

Hall, Stuart

1977   "Culture, the Media and the 'Ideology

Effect'", in J. Curran, M. Gurevitch and J. Woollacott (eds.), *Mass Communication and Sociaty,* London: Edward Arnold, pp.315-348.

1978　　"Some Paradigms in Cultural Studies", in *Annali* 3, pp.22-45.

1982　　"The Rediscovery of 'ideology' : Return of the Pressed in Media Studies", in Michael Gurevitch, Tony Bennett, James Curran and Janet Woollacott (eds.), *Culture, Society and the Media,* London: Methuen & Co. Ltd, pp.56-90.

1980a　"The 'Political' and the 'Economic' in Marx's Theory of Classes", in Robert Bocock et al., *An Introduction to Sociology,* London: Fontana, pp.197-237.

1980b　"Encoding/Decoding", in Stuart Hall et al.(eds.), *Culture, Media, Language: Working Papers in Cultural Studies, 1972-79,* London: Unwin Hyman Ltd, pp.128-138.

1980c "Introduction to Media Studies at the Centre", in Stuart Hall et al.(eds.), *Culture, Media, Language: Working Papers in Cultural Studies, 1972-79,* London: Unwin Hyman Ltd, pp. 117-121.

1980d "Cultural Studies and the Centre: Some Problematics and Problems", in Stuart Hall et al.(eds.), *Culture, Media, Language: Working Papers in Cultural Studies, 1972-79,* London: Unwin Hyman Ltd, pp.15-47.

1986 "Cultural Studies : Two Paradigms", in Richard Collins, James Curran, Nicholas Garnham, Paddy Scannell, Philip Schlesinger, Colin Sparks (eds.) *Media, Culture and Society: A Critical Reader,* London: Sage, pp.33-48.

1988a "The Toad in the Garden: Thatcherism among the Theorists", in Cary Nelson,

Lawrence Grossberg(eds.), *Marxism and Interpretation of Culture,* Urbana: University of Illinois Press, pp.35-73.

1988b *The Hard Road to Renewal: Thatcherism and the Crisis of the Left,* London: Verso.

1989 " Ideology and Communication Theory", in Brenda Dervin, Lawrence Grossberg, Barbara J. O'Keefe, Ellen Wartella (eds.), *Rethinking Communication Volume 1: Paradigm Issues,* London: Sage, pp.40-52.

1990 "The Meaning of New Times", in Stuart Hall, M. Jacques(eds.), *New Times: The Changing Face of Politics in the 1990s,* London: Verso, pp.116-134.

1991a " Introductory Essay : Reading Gramsci", in Roger Simon, *Gramsci's Political Thought: An Introduction,* London: Lawrence &Wishart, pp.7-10.

1991b "Postcript: Gramsci and Us", in Roger

Simon, *Gramsci's Political Thought: An Introduction,* London: Lawrence & Wishart, pp.114-130.

1992 "The West and the Rest: Discourse and Power", in Stuart Hall & Bram Gieben (eds.), *Formations of Modernity,* London: Polity Press in association with the Open University, pp.275-332.

1996a "The Problem of Ideology: Marxism Without Guarantees", in David Morely & Kuan-Hsing Chen(eds.), *Stuart Hall: Critical Dialogues in Cultural Studies,* London: Routledge, pp.25-46.

1996b "On Postmodernism and Articulation: An Interview with Stuart Hall", in David Morely & Kuan-Hsing Chen(eds.), *Stuart Hall: Critical Dialogues in Cultural Studies,* London: Routledge, pp.131-150.

Hall, Stuart, C. Critcher, T. Jefferson, J. Clarke

and B. Roberts

1978　*Policing the Crisis: Mugging, the State, and Law and Order,* London: Macmillan.

Hall, Stuart & Jacques, M.

1990　"Introduction", in Stuart Hall, M. Jacques(eds.), *New Times*: The Changing Face of Politics in the 1990s, London: Verso, pp.11-20.

Ham, C. & Hill, M.

1984　*The Policy Process in the Modern Capitalist State,* London: Wheatsheaf Books.

Inglis, Fred

1993　*Cultural Studies,* Oxford: Blackwell.

Kavanagh, Dennis

1987　*Thatcherism and British Politics: The End of Consensus?,* NewYork: Oxford University Press.

Leach, Robert

1991　*British Political Ideologies,* New York:

Philip Allan.

Marx, Karl

1977   *Selected Writings,* McLellan David(ed.),
Oxford: Oxford University Press.

Marx, Karl & Engels, Frederick

1955   *Selected Correspondence*（簡稱SC），
Moscow: Progress Publishers.

1970   *Selected Works*（簡稱SW附卷頁數），
vol. 3, Moscow: Progress Publishers.

1975   *Collected Works*（簡稱CW附卷頁數），
vol 11, Moscow: Progress publishers.

McMurtry, John

1978   *The Structure of Marx's World-View,*
Princeton, New Jersey: Princeton
University Press.

Murdock, Graham

1989   "Cultural Studies: Missing Links",
Critical Studies in Mass Communication,
vol. 6, pp.436-440.

O'Sullivan, Tim, J. Hartley, D. Saunders, M.

Montgomery and J. Fisk

1994 *Key Concepts in Communication and Cultural Studies,* London: Sage, 2nd ed.

Simon, Roger

1991 *Gramsci's Political Thought: An Introduction,* London: Lawrence & Wishart.

Smith, Steven B.

1984 *Reading Althusser: An Essay on Structral Marxism,* London: Cornell University Press.

Storey, John

1993 *An Introduction Guide to Cultural Theory and Popular Culture,* London: Harvester Wheatsheaf.

Turner, Graeme

1996 *British Cultural Studies: An Introduction,* London: Routledge, 2nd ed.

Veron, E.

1971 "Ideology and the Social Science", *Semiotica,* III(2), Mouton.

Volosinov, V. N.

1973 *Marxism and Philosophy of Language,* New York: Seminar Press.

國家圖書館出版品預行編目資料

霍爾 = Stuart Hall／胡芝瑩著. -- 初版. --
台北市：生智，2001 [民 90]
　　面；　公分. -- （當代大師系列；19）
參考書目：面

ISBN　957-818-284-8（平裝）

1.霍爾（Hall, Stuart,1932-　）－學術
思想

144.79　　　　　　　　　　　90006750

霍　爾

當代大師系列 19

作　　者／胡芝瑩
出 版 者／生智文化事業有限公司
發 行 人／林新倫
執行編輯／陳俊榮
登 記 證／局版北市業字第 677 號
地　　址／台北市新生南路三段 88 號 5 樓之 6
電　　話／(02)2366-0309　2366-0313
傳　　真／(02)2366-0310
網　　址／http://www.ycrc.com.tw
E-mail／tn605547@ms6.tisnet.net.tw
印　　刷／科樂印刷事業股份有限公司
法律顧問／北辰著作權事務所　蕭雄淋律師
ISBN／957-818-284-8
初版一刷／2001 年 8 月
定　　價／新臺幣 200 元

總 經 銷／揚智文化事業股份有限公司
地　　址／台北市新生南路三段 88 號 5 樓之 6
電　　話／(02)2366-0309　2366-0313
傳　　真／(02)2366-0310